LES AMOURS

DU

CHEVALIER DE FOSSEUSE

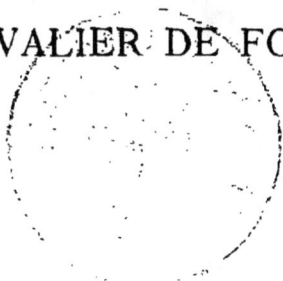

LES AMOURS

DU

CHEVALIER DE FOSSEUSE

PAR

JULES JANIN

PARIS

MIARD, LIBRAIRE

RUE DE RIVOLI, 170

—

1867

PRÉFACE.

—

Plus on admire, en passant, les grandes ima-
ginations qui vont se déversant toute une année
à travers des tomes sans fin, adoptés de la
foule, et plus, avec un peu de modestie, on se
prend à aimer les petits livres qui tiennent peu
de place et rencontrent peu de lecteurs. L'humble
renommée a de grands charmes ; elle est à notre
portée, et se laisse aborder volontiers. Le petit
livre est un ami qui se prête à tous nos ca-
prices : il marche avec nous, il obéit à notre
inspiration ; il se laisse écrire avec le zèle ou
le sans gêne de l'heure présente. On le porte en
un coin de son cerveau ; il s'y blottit dans les
heures laborieuses, mais sitôt qu'on l'invoque,

1

aux jours de silence et de solitude, il obéit à la première évocation.

Le petit livre est le domaine ingénieux des écrivains lassés qui ne veulent pas se retirer tout à fait de ce bas monde. Ils étudient, ils regardent, ils écoutent les bruits lointains; ils rêvent le reste. Ainsi, ne vous étonnez pas, amis lecteurs, des écrivains sages qui s'amusent du peu de chose, et se plaisent à se parer des fleurs encore fraîches de l'arrière-saison.

Donc, c'est ma fête et mon plaisir d'écrire au chant des oiseaux, au murmure enchanté des brises printanières, et de me raconter à moi-même une suite ingénue et, disons mieux, naïve, de tout petits contes qui ne valent guère que par la forme, et qui sont inventés uniquement pour le plaisir du style, et pour le bonheur d'écrire en se jouant de ces choses futiles qui ne font peur à personne, et dont pas un n'est jaloux. Ça vit et ça meurt comme un papillon vulgaire qui n'a rien à redouter des enfants armés de leur gaze, et des épingles de messieurs les collectionneurs.

C'est encore un attrait du petit livre : il ne

coûte guère à mettre au jour. Avec les reliefs
d'un gros tome assez vulgaire, on va faire un
joli petit in-12, imprimé par quelque habile ou-
vrier, sur un papier sonore et solide. Hélas! le
caractère et le papier ne font pas le chef-d'œu-
vre; ils ajoutent un vrai charme à la lecture.
On se sent pris sans savoir pourquoi d'un vrai
désir d'ouvrir ces pages d'un honnête et riche
aspect, puis, étant lues, on les garde assez vo-
lontiers. De là, moins d'outrages à redouter;
les quais vous sont plus légers; votre humble
nom est tout ensemble respecté du soleil, de la
pluie et des mains suintantes du passant. Com-
bien d'heureuses compositions écrites par des
maîtres, prose éclatante ou vers amoureux,
disparaissent dans les injustes abîmes, pour
n'avoir pas rencontré un libraire assez pré-
voyant qui leur donnât un vêtement moins sau-
vage! Au fait, le petit livre est le seul à qui
soit réservé ce cher privilége du beau vête-
ment, de la belle apparence, en un mot du je
ne sais quoi *bref et net que notre ami le poëte*
Horace a chanté.

Quant à moi, je n'ai pas d'autre ambition :

*écrire, à mes heures, et ma tâche étant remplie,
un de ces romans de courte haleine et lus si vite.
Un jour suffit à leur gloire. S'ils amusent le
lecteur, le lecteur est content de n'avoir point
perdu sa journée ; au contraire, il ne saurait se
fâcher d'un importun qui l'aura retenu quelques
instants à lui raconter de son mieux une his-
toriette où sourit toujours quelque peu la belle
déesse de la jeunesse, quel que soit l'âge du
rêveur qui l'écrivit.*

*Le petit roman que vous allez lire, ami lec-
teur (je regrette en ce moment mon pluriel),
est un souvenir des temps d'autrefois, quand
S. M. le roi Louis XIV était un jeune homme,
et que les jeunes gens de la cour ne se gênaient
guère pour rire un peu de tout, voire des amours
de leur maître. Il y en eut plus d'un, parmi ces
rieurs malencontreux, qui paya d'une disgrâce
éternelle une innocente raillerie. Il eût obtenu
facilement le pardon de la belle amoureuse, il
ne fut jamais pardonné du monarque amoureux.
Tel fut le châtiment du plus coupable, il est
vrai, puisqu'il avait le plus d'esprit, de ces
faiseurs de chansons, M. de Bussy-Rabutin, et*

véritablement, lorsqu'on le voit si lâche après avoir été si téméraire, on est médiocrement touché de cette peine méritée. Après tout, son livre est rempli de mensonges contre les plus belles dames de la cour de Versailles; il n'a pas épargné, le malheureux! Mlle de la Vallière; encore aujourd'hui, les honnêtes gens ne lui pardonnent pas d'avoir insulté sa vertueuse et vaillante cousine, Mme de Sévigné. Il eût poussé plus loin l'injustice et la cruauté, s'il avait pu se douter que sa prudente cousine était le plus grand écrivain de son siècle, et que lui-même il serait à peine compté parmi les beaux esprits du second rang.

Toutefois, pour être juste envers tout le monde, il faut en convenir,

Parmi les saints que célébra Bussy,

il en est deux, les seuls, qui aient trouvé grâce aux yeux des honnêtes gens et des esprits délicats. Nous voulons parler du chevalier de Fosseuse et de Mme de Bagneux. Leurs belles amours brillent d'un éclat inattendu, au milieu

de ces chapitres où tant de jeunes gens et de
jeunes femmes se montrent à nous, odieux ou
ridicules tour à tour.

En effet, celui-là connaîtrait mal le dix-
septième siècle et ses élégances, qui voudrait
juger la cour de Versailles sur ce pamphlet
trop célèbre intitulé les Amours des Gaules.
Les noms sont très-vrais, le reste est voisin du
mensonge. Il faudrait nier tout à fait la grâce
et la beauté des vers de Racine, l'élévation des
sentiments dans les tragédies du grand Cor-
neille, les grandes scènes du Misanthrope, et le
babillage amoureux de l'École des femmes,
pour accepter sans conteste un Bussy-Rabutin.
Heureusement pour sa mémoire, il a laissé
l'esquisse innocente de ces doux visages, de
ces charmants caractères : Mme de Bagneux,
M. de Fosseuse. On dirait qu'il les a posés
dans son fameux livre, afin de montrer ce qu'il
eût pu faire avec moins de vice et de vanité.
Sans nul doute, il pouvait tirer de ces deux
images un bien meilleur parti; mais telles
qu'elles sont, incomplètes et presque effacées,
elles nous suivent, et nous les voyons vivantes.

L'esquisse est d'un maître. Ainsi cet âge d'or indiqué par M. Ingres sous les murailles du château de Dampierre. Un paradis est caché dans ces murs.

J'ai tenté, dans un beau moment d'amitié et d'admiration pour ces doux fantômes, de les compléter l'un par l'autre; et si mon évocation n'est pas impuissante, à la bonne heure, en cet aimable travail je trouverai ma récompense. Honneur très-rare et très-envié de vivre en belle compagnie, et d'ajouter à l'intérêt du temps présent les respects du temps passé. Ce n'est pas que la chose ait été facile : ils parlaient si bien des peines et des transports de l'amour, les poëtes et les écrivains du grand siècle! Eh! que dis-je? il n'est pas jusqu'aux pères de notre Église qui n'aient rencontré, pour célébrer ces ineffables transports du cœur humain, des paroles pleines de lumière. On ne trouverait nulle part, même en comptant les lettres de Mirabeau datées du donjon de Vincennes, une parole égale à ce mot de Bossuet parlant « des hennissements de l'amour divin. » Quoi de plus terrible et de plus touchant que ce passage de Mas-

sillon parlant de l'impénitence finale et de ces tendresses qui ne veulent pas finir :

« Notre siècle et ceux de nos pères n'ont-ils pas vu des monstres qui, même en expirant, juraient une affreuse fidélité jusqu'au delà du tombeau à l'objet détestable de leurs passions! Leur âme réprouvée sortait de leur corps avec des soupirs de crimes et des regrets de volupté... Ils mouraient ayant autour de leur lit l'objet infortuné dont leur cœur était plein, et même à la mort ils ne pouvaient s'en séparer! »

Nous souhaitons au romancier, au poëte, à l'historien, et surtout à l'amoureux, quelqu'un de ces monstres dont le nom et le souvenir sont immortels : Hélène, Didon, Lalagé, Diane de Poitiers, Héloïse, Manon Lescaut.

LES AMOURS

DU

CHEVALIER DE FOSSEUSE

I

Je voudrais vous raconter à ma façon, ou, pour mieux dire, à la façon de Bussy-Rabutin lui-même, les passions d'un jeune homme appelé le chevalier de Fosseuse. Il était le frère cadet de M. le duc de Fosseuse, un des plus grands seigneurs de la province de Touraine par la fortune et l'antiquité de sa maison, par la grandeur de ses alliances, et par les rares services que les seigneurs de la maison de Fosseuse avaient rendus, depuis tant de siècles, à la majesté de nos rois. L'étoile du chevalier de Fosseuse lui fit rencontrer, juste au moment où le

jeune roi donnait l'exemple des belles passions,
Mme la comtesse de Bagneux, dont la famille
avait fait une longue amitié avec les seigneurs
de Fosseuse.

L'origine de Mme de Bagneux, si elle n'était
pas si noble, était plus illustre que l'origine de
M. de Fosseuse. Mme de Bagneux était une
Tonnay-Charente, alliée à la maison de la
Beaume, et quand Mlle de Tonnay-Charente,
le roi ayant signé à son contrat, s'en fut présenter son mari, dans le couvent des Carmé-
lites, à *sœur Louise de la Miséricorde*, Mlle de La
Vallière appela Mlle de Tonnay-Charente : ma
cousine ! On ne traverse pas impunément, dans
une antique famille, les triomphes, l'orgueil, les
douleurs et les repentirs d'une personne telle
que Mlle de La Vallière, et vous pouvez croire
que les filles de cette illustre maison se ressen-
tirent, peu ou prou, de ces grandeurs passa-
gères, de ces rêves charmants et terribles.

Mlle de Tonnay-Charente était fille d'honneur
et de bon sens. Sitôt qu'elle eut l'âge où l'on
songe à marier les jeunes filles riches et bien
apparentées, elle résolut d'épouser ce qui s'ap-

pelle un homme sérieux, et de consulter beaucoup moins son cœur que sa raison. Ce fut
alors que se présenta pour cette belle alliance
le propre fils de M. le premier président de la
ville de Tours, le comte de Bagneux, officier de
cavalerie, et qui n'était guère destiné, étant de
noblesse de robe, aux grands emplois de l'ar-
mée. Ainsi, très-volontiers, il donna la démis-
sion de son grade afin d'appartenir tout entier
à sa jeune épouse.

Il était brave, étourdi, léger, présomptueux,
moqueur ; il avait de l'esprit et ne savait pas
vivre, et toujours en menace, en action, en
colère ; il riait beaucoup, et fort désagréable-
ment. C'était, au demeurant, un mari fort sup-
portable et dans une honorable position.

Au bout de six mois d'une cour très-assidue,
il obtint la main de Mlle de Tonnay-Charente,
et ce fut dans toute la Touraine une fête, un
empressement, un contentement... des merveilles ! Tous ces gentilshommes se connais-
saient de vieille date ; ces châteaux étaient liés
les uns aux autres par les amitiés d'un bon voisinage ; la fête de celui-ci devenait aussitôt la

fête universelle. Pendant plus de six mois il fut question dans la province des noces de M. de Bagneux. Le chevalier de Fosseuse avait été l'un des premiers invités à honorer cette alliance de sa présence, et il s'était rendu sans répugnance à cette aimable invitation.

C'était encore un tout jeune homme et d'assez sauvage humeur. Il habitait, dans la ville, une maison à lui, non loin de l'archevêché, sa maison communiquant avec les vastes jardins de monseigneur. Il possédait, hors de la ville et sur la lisière des grands bois, un petit château fossoyé, disons mieux... une métairie, où l'utile se mêlait à l'agréable, et dont le revenu suffisait à le faire vivre un peu plus qu'honorablement. Par sa qualité de cadet, la pureté de sa vie et l'honnêteté de ses mœurs, et sa profonde horreur pour toutes les choses de la guerre, le chevalier de Fosseuse semblait destiné aux honneurs de l'Église, et déjà, sans être dans les ordres, l'archevêque de Tours, dont il avait l'honneur d'être le propre neveu, lui avait donné le canonicat de Saint-Loup de Tours, en attendant qu'il eût obtenu la prétrise, avec ses lettres de docteur en théologie.

Il était savant, bienveillant, modeste, bien élevé, et rougissant pour peu de chose. On l'aimait dans toute la contrée, où il s'était fait adopter, son nom aidant, par l'exercice ingénu des plus aimables et des plus modestes vertus. Les jeunes filles à marier, en le voyant passer, la tête bouclée et portant légèrement l'habit élégant des chanoines, se disaient tout bas : « C'est dommage ! » Il était l'ami du pauvre et son défenseur. C'était l'opinion générale en toute la cathédrale qu'il serait, avant peu, coadjuteur de son oncle, et qu'il irait d'un pas ferme à toutes les dignités de l'Église.

Le jour même où M. de Bagneux conduisit Mlle de Tonnay-Charente à l'autel, le futur coadjuteur, en sa qualité de maître des conférences, était venu recevoir sur le seuil de la cathédrale la nouvelle mariée. Hélas ! quand il la vit pour la première fois, les yeux bleus et doux, le nez aquilin, la bouche grande et bien meublée, la tête bien faite, aux cheveux blonds, déliés et clairs, il resta frappé d'une admiration voisine de la stupeur. En ce moment révélé (tant il est

vrai que l'amour est un effet de la destinée), il lui
sembla qu'il n'avait rien vu des plus grandes œuvres et des plus belles créatures de ce bas monde.

Frappé de cette vision, il oublia de suivre au
chœur les chanoines du chapitre, et le surlende-
main, au grand bal qui fut offert à toute la province, on vit arriver, non plus M. l'abbé de
Fosseuse, mais bel et bien M. le chevalier de
Fosseuse, un porteur d'épée! Son premier soin,
sans songer à l'étiquette, fut d'inviter pour la
première sarabande Mme de Bagneux, qui se disait déjà : « Où donc ai-je vu ce jeune homme? »
Et comme on se pressait pour admirer cette
danse, à la fois jeune et légère, chacun
s'étonna des grâces et des beautés viriles du
nouveau chevalier Printemps. C'est très-vrai!
le chérubin avait fait place à l'amoureux; en
vingt-quatre heures, ô métamorphose de l'a-
mour! le futur archevêque était devenu tout
semblable au chevalier de Grammont, au chevalier de Tilladet, au duc de Roquelaure, conduisant dans un menuet la duchesse d'Aumont
et ses deux sœurs. On ne parlait dans la province entière que de cette étrange conversion.

Monseigneur ne fut pas le dernier averti ; mais il aimait son beau neveu comme un père tendre aime un fils unique. Il se disait d'ailleurs que si l'abbaye ne chômait pas, faute d'un moine, il y aurait place à la cour pour un cadet de la maison de Fosseuse. Au fait, il n'y eut rien de plus sincère et de plus complet que ce retour soudain, bienheureux, du jeune licencié en Sorbonne aux passions de la jeunesse. Un seul regard de cette beauté lui fit oublier les saintes choses qu'il avait apprises en dix longues années d'obéissance et de modestie. Seulement, de ses premières études, il lui resta un doux sourire, une voix pure, un esprit agréable, et rien de bruyant, d'empesé, de gourmé.

Tout riait dans ses yeux, dans son âme, dans son cœur ; il apportait en tous lieux le calme et la bonne humeur d'une heureuse conscience. Ignorant de la vie, il s'abandonnait à toute la douceur de vivre. Il occupait de ses moindres actions tous les honnêtes gens, frappés d'un vrai respect en présence de ce jeune homme, en passe d'arriver à tout, qui n'avait plus d'autre ambition que de contempler les étoiles.

Lui, cependant, il suivait dans ses sentiers fleuris la dame innocente de sa pensée. Il ne voyait dans le nuage et dans le rayon, dans la solitude et dans le bruit, que Mme de Bagneux. De son côté, la jeune femme acceptait sans inquiétude la compagnie et l'admiration de cet enfant plein d'espérances. On ne vous a pas dit encore assez à quel point elle était belle et charmante. Elle était vraiment faite à la taille de ce jeune amoureux effilé et menu, qui la suivait sans mot dire. Et ni grande ni petite... accomplie, avec certains airs de princesse, par échappée. Elle aimait son mari en le trouvant parfois un peu brusque. Or ce mari, confiant dans sa destinée, allait tout droit devant soi, prenant le bonheur à sa portée, et le traitant comme une chose qui lui était due.

Un soir d'été, chez le baron des Rotours, son voisin, M. de Bagneux, jouant à la bassette avec son hôte, avait perdu mille pistoles dans un nombre infini d'*alpiau* et de *va-tout* ; il cherchait à les regagner, lorsque Mme de Bagneux, fatiguée, et voulant le lendemain se lever de bonne heure pour se baigner dans la rivière avec plu-

sieurs jeunes dames de ses amies, salua la
compagnie, et s'en revint chez elle, précédée
d'un laquais qui tenait une torche, et suivie
d'une vieille servante. L'hôtel de Bagneux da-
tait du dernier siècle; il était bâti en belles
pierres de Touraine, entre une vaste cour et
un grand jardin bordé d'une rivière à bateau,
la belle campagne étendant au delà, jusqu'à la
forêt prochaine, toutes les splendeurs du mois
de juin, merveilleux partout en France, incomparable en Touraine. En ce moment, voisin de
minuit, qui était une heure inaccoutumée, le
chevalier de Fosseuse allait, au hasard, rêvant à
ses amours ; mais soudain, quand il vit passer
la jeune dame et qu'il eut frôlé sa robe, au bruit
agaçant de son soulier neuf ; quand il eut con-
templé à la clarté de la torche mêlée de flamme
et de fumée ce doux visage où brillaient tous
les bonheurs paisibles d'une jeunesse immacu-
lée, ah ! le malheureux ! il perdit tout à fait la tête,
et d'un pas délibéré, sans hésiter une minute, il
entrait, poussé par le charme, en cet hôtel rempli de menaces et de périls.

S'il est vrai qu'il y ait un dieu pour les amou-

reux, ce dieu-là fit un vrai miracle en faveur du
chevalier de Fosseuse. Il entra sans qu'on le
vît ; il franchit, sans qu'on l'entendît, l'escalier
d'honneur. C'était à croire que la jeune dame
elle-même enveloppait cet amoureux d'un
nuage qui le rendait invisible. L'antichambre
et le premier salon furent traversés sans encom-
bre ; enfin notre amoureux, éperdu de cette
étrange action, eut tout loisir de se blot-
tir dans un grand fauteuil en tapisserie, au
coin de la vaste cheminée, où resplendissait,
en guise de trumeau, un portrait de Mlle de La
Vallière à quinze ans. A l'extrémité de la
chambre était dressé un lit à l'antique et les
rideaux ouverts. Une toilette en marbre attendait le déshabillé de la dame du logis. Mme de
Bagneux s'assit sur une chaise à dossier en com-
mandant à sa suivante de l'attendre dans le cabinet voisin.

Restée seule, et Dieu sait si elle se croyait sans
témoin ! la jeune femme sembla peu à peu s'aban-
donner aux visions qui remplissaient son âme.
Plongée en cette méditation sans motifs, pas
un n'aurait pu dire, à la voir, qu'elle fût triste

ou gaie; elle était sérieuse. Un flambeau de
cristal éclairait à peine l'obscurité qui l'entourait, mais cette faible clarté suffisait aux regards d'un amant. Disons tout : M. de Fosseuse
en ce moment contemplait ses chères amours
comme en un rêve où le mensonge et la réalité
se mêlent dans une confusion charmante.

Après un silence, elle ôta ses gants et ses manches; elle posa sur le marbre de la toilette ses
bagues, ses bracelets et son chapelet de pierreries
bénit par le pape. Elle dégrafa son corsage, et
comme elle allait dénouer sa ceinture, elle aperçut une lettre dont la forme abrupte attira ses
regards. Elle la prit dans sa belle main déjà
tremblante; elle hésitait... un coup d'œil lui
suffit, et soudain le chevalier la vit pâlir. Elle
pleurait; à peine elle pouvait contenir ses san-
glots; plus son regard effaré étudiait cette abo-
minable confidence, et plus grandissaient son
épouvante et sa douleur.

Une statue en eût été touchée. Alors le chevalier, oubliant que sa présence en ces lieux,
à cette heure, était un crime, en toute hâte
s'avança vers la belle désolée, et d'une voix

si touchante avec des yeux si tendres : « Ah madame ! s'écria-t-il, qu'avez-vous? Je vous en
prie ! honorez votre esclave de votre confiance,
et ne doutez point que je sois prêt à mourir
pour votre service. » En même temps, il s'était
agenouillé devant elle; il la retenait par les plis
soyeux de sa jupe, et si cruelle et si profonde
était la douleur de Mme de Bagneux, qu'il lui
semblait que l'action du chevalier était la plus
simple du monde. « Ah, disait-elle en pleurant,
il est perdu ! Il n'y a pas de puissance ici-bas
qui nous puisse venir en aide ! Eh bien, monsieur,
si vous voulez tout savoir, lisez cette lettre. Il y
va de la vie et de l'honneur d'un malheureux
qui m'appartient de très-près. Je lui dois tendresse et protection. Il est mon frère, je suis sa
sœur, mais je ne puis dire à personne, à mon
mari moins qu'à tout autre, le cruel mystère de
sa naissance. Hélas ! en mourant, ma pauvre
mère me l'avait confié comme un dépôt sacré !
j'avais juré de veiller sur lui !... » Elle froissait
cette lettre avec un désespoir que rien ne peut
rendre... le jeune homme était toujours à ses
pieds, l'admirant, la contemplant.

Le bruit de la porte cochère qui se refermait les rappela tous les deux au danger de leur situation. La position était terrible : ils étaient seuls dans cette ombre, la jeune femme à demi défaite et tout entière à sa douleur, le jeune homme épouvanté de sa propre hardiesse ; et cependant le maître absolu de ce logis traversait la cour... encore cinq ou six pas, il sera dans l'escalier. Mme de Bagneux, rendue à elle-même, releva brusquement le chevalier de Fosseuse, et d'une voix brève :

« Monsieur, lui dit-elle, je ne sais ni pourquoi ni comment vous êtes ici. De quel droit m'avez-vous poursuivie, et dans quel espoir? je l'ignore. Il n'est plus temps de vous chasser comme un homme indigne.,. Entendez-vous mon mari qui monte? Eh bien, s'il fait un pas vers cette alcôve où nous voilà comme deux criminels, jurez-moi de me tuer de vos mains, car je ne survivrais pas à mon déshonneur ! » Le chevalier, sans mot dire, se plaça devant elle... En ce moment la porte s'ouvrit.

M. de Bagneux marchait d'un pas ferme. On entendait le plancher gémir sous son poids. Il

referma la porte au verrou, puis, comme il traversait, une lampe à la main, la chambre à coucher de sa femme pour entrer lui-même en son
appartement, il s'arrêta :

« Dormez-vous ? lui dit-il... Bonsoir ! » Elle
retint son souffle, et quand elle entendit que son
mari était entré chez lui, qui l'eût regardée en
ce moment eût cru voir une morte; il n'y avait
que deux grands yeux sans regard qui brillaient
dans cette figure éteinte. A la fin, la dame fit un
geste, en disant au chevalier avec autant de mépris que ce beau visage en pouvait contenir :
« Sortez d'ici ! »

Il ouvrit la fenêtre, et résolûment, sans songer à ce qu'il allait faire, il se précipita dans le
jardin. Il tomba sur une treille épaisse, en bri-
sant toute chose sur son passage. A ce bruit,
très-inattendu à pareille heure, M. de Bagneux
découvrit de son balcon ce malheureux qui
s'enfuyait cherchant sa voie, et, prenant son fu-
sil qui ne le quittait guère (il était grand chas-
seur), il fit feu dans la direction que l'homme
avait prise. Un second coup de feu suivit bientôt le premier... On n'entendit plus rien que

l'aboiement des chiens et le murmure du ruisseau.

Il fut très-heureux pour Mme de Bagneux que
la vieille servante eût attendu les ordres de sa
maîtresse. Elle accourut assez tôt pour empê-
cher la malheureuse comtesse de tomber sur
l'appui de sa fenêtre. Alors, cette bonne âme de
servante, dont l'instinct maternel comprenait si
bien la peine et le danger de l'heure présente,
coucha sa maîtresse évanouie, et, remettant tout
en ordre, elle revint s'asseoir au chevet de cette
enfant qu'elle avait nourrie.

A la fin, elle rendit grâce à Dieu quand elle
la vit s'endormir d'un sommeil plein de songes
funestes ; mais enfin c'était le sommeil.

II

La douce aurore et les divines clartés d'un
beau jour eurent bientôt récréé ce vaste jardin,
l'une des merveilles de la contrée. On n'eût pas
dit que ces bosquets, ces plates-bandes, ces eaux
jaillissantes, ces marbres vivants copiés sur les
statues mêmes du grand Trianon, avaient été les
témoins muets d'un drame ignoré de tous. Pas
un habitant de cette maison correcte ne songea
à se demander : Pourquoi ce bruit de la nuit
précédente? Les plus avisés serviteurs pensèrent
tout bas qu'un rôdeur de nuit s'était introduit
dans le jardin de M. le comte. Celui-ci se leva
à l'heure accoutumée, et s'en fut, comme il en
avait l'habitude, souhaiter le bonjour à sa jeune
épouse. Elle se réveilla, se sentant regardée,
et M. de Bagneux : « N'avez-vous rien entendu

cette nuit, madame? » lui dit-il de sa voix la plus douce. Et comme il la voyait pâlir encore : « Allons, reprit-il, c'est beaucoup de bruit pour un maladroit, n'en parlons plus. »

Quelques-uns parmi nos lecteurs s'étonneront de la courtoisie et du sangfroid de M. de Bagneux, qui pourtant soupçonnait une grave injure dans les mystères de cette nuit. Mais si notre gentilhomme était jaloux, il était bien élevé. D'ailleurs, il ressentait pour sa jeune femme un grand respect, la sachant incapable absolument de trahir et de mentir. Il faudrait aussi se rappeler que Mme de Bagneux était, par les femmes de sa maison, l'alliée de S. M. Louis XIV, et que deux enfants légitimés par la tendresse du roi appartenaient à la famille de Tonnay-Charente. Un gentilhomme, un courtisan, ne franchissait guère en ce temps-là de pareils remparts. C'est ainsi que Mme de Bagneux avait ajouté sans le savoir, aux déférences naturelles qu'on lui portait, quelques-uns des respects de la majesté royale. Elle en ressentait la prodigieuse influence à l'heure du premier soupçon. Bientôt même, à la revoir si calme et se-

reine, le dernier doute disparut du cœur de
M. de Bagneux.

Sitôt qu'il fit jour dans cette maison, au nom du
bon voisinage et de l'amitié, M. le baron des Rotours fit demander à M. de Bagneux la permission
de se présenter chez lui de si bon matin. A peine
avons-nous montré M. le baron des Rotours au
lecteur, et ce serait un grand tort si nous écri-
vions un roman et non pas une simple histoire.
M. le baron des Rotours appartenait aux meilleures familles de la province. Il comptait dans
sa généalogie un gentilhomme de la chambre
du roi, deux lieutenants généraux, plusieurs
évêques et cordons bleus; lui-même il était conseiller d'État d'épée, grand bailli de Touraine
et chevalier des ordres du roi. Peu d'hommes
étaient plus considérés dans cette province, où
la richesse et le nom seul de M. des Rotours
auraient suffi pour lui donner une incontestable
autorité. Il avait déjà passé le mauvais côté
de quarante ans, mais il était superbe encore;
personne en son entourage n'eût osé sourire à
l'entendre vanter ses bonnes fortunes à la ville
et surtout à la cour.

Un grand sérieux mêlé de hardiesse et de
trait, un esprit léger, un cœur volage, le beau
langage et le geste impérieux du gentilhomme,
avec tant de feu dans l'esprit, faisaient de ce par-
fait courtisan un ami douteux, un ennemi peu
dangereux. Certes, quand il voulait une chose,
il la voulait bien, mais il ne la voulait pas longtemps. Au demeurant, il eût fallu être corsaire
en matière d'amour pour ne pas être touché des
grâces de Mme de Bagneux, et très-volontiers
il s'était laissé prendre à cet heureux assemblage
de délicatesse, d'innocence et d'enjouement.

Depuis les premiers jours de son mariage, il
faisait à la jeune femme une cour assidue, et
toute autre que Mme de Bagneux s'en fût bien
vite aperçue. Elle ne s'en douta guère, tant elle
était loin de songer à ce bonhomme.

A la fin cependant, le rencontrant tous les
jours, elle s'habitua bien vite aux requêtes
muettes de ce vert galant qui demandait si peu
et qui n'espérait guère.

Il trouva son voisin dans le jardin, cherchant
la trace et le sentier du malfaiteur de la nuit
dernière. « Mon voisin, disait le grand bailli,

laissez-moi faire, je sais suivre une piste. Voici déjà, dans ce gazon, l'empreinte de son pied; il faut convenir que le drôle a le pied bien petit...
—Que dites-vous, baron? s'écria M. de Bagneux, je reconnais les pas de notre servante-maîtresse, Isabelle, une des favorites de la comtesse. Elles ont à peu près le même âge et le même pied, et je ne sais pas toujours si ce n'est pas celle-ci qui commande à celle-là. Pour le dire, entre nous, je ne serais pas étonné que la damoiselle eût sa petite part d'intérêt et de curiosité dans cette visite nocturne. Voyez, notre service habite à l'entresol; une fois sur la treille, si le galant n'eût pas été maladroit, il grimpait par le treillage du rez-de-chaussée. C'est un amant, vous dis-je... — A moins que ce ne soit un voleur, reprit M. le grand bailli; cherchons encore. »

Heureusement cette recherche inquiétante fut interrompue (il était temps) par l'arrivée, en trois bateaux, des jeunes dames et des jeunes filles de la ville de Tours. Elles s'en venaient, en coiffes tombantes, en habit du matin, les cheveux sans poudre et le chignon relevé, chercher Mme de Bagneux et la conduire au petit havre où le bain de ces dames était préparé.

Le ruisseau qui longeait la prairie et les jardins de cette partie de la ville avait nom le Lis. Il conduisait à certain endroit du fleuve entouré de vieux saules sur lesquels on avait jeté une tente en belle toile, afin de protéger ces jeunes dames contre les rayons d'un soleil trop vif, beaucoup plus que pour les abriter contre un regard indiscret... Celui-là eût été bien hardi de profaner cet endroit consacré par la jeunesse et la pudeur d'une si fière et belle cité. Pas un père et pas un frère, pas un mari, pas un amant qui n'eût frémi à la seule idée d'un indiscret se glissant dans ces parages, défendus et protégés par les respects unanimes. Ainsi, de ce côté, pas d'inquiétude. Or, ce jour-là était justement le jour anniversaire de la naissance de Mme de Bagneux. Elle entrait dans ses dix-huit ans, et ses jeunes compagnes, ses amies, remontant la petite rivière, pénétrèrent dans le jardin en poussant des cris de joie :

« Allons, réveillez-vous, belle endormie ! » Elles battaient des mains ; elles fourrageaient les plantes du jardin, elles cueillaient les fleurs,

elles dansaient sous la fenêtre. « Sortons d'ici,
disait le prudent baron à son voisin ; si ces
nymphes de Calypso nous découvrent, nous
sommes perdus. » De son côté Mme de Bagneux
répondit : « Me voici! » Elle descendit quatre à
quatre vers ses compagnes, qui l'entraînèrent
sans remarquer l'inquiétude et la tristesse de ce
beau visage, et ces yeux si tendres, rougis par
les larmes. Ce fut pourtant un spectacle enchanté, ces barques pavoisées de jeunesse et de
bonheur, dont les rames étaient agitées par des
mains chargées de pierreries, dont les voiles
étaient brodées par les fées; une marquise était
le pilote, et, vogue la galère! Elles s'en furent,
toutes les vingt, au fil de cette eau paisible.

Comme elles disparaissaient sous la sombre
verdure des saules et des mélèzes, on eût dit de
loin un tas de neige rosoyante aux premiers
feux du jour. Seul dans toute la nature éblouie
et charmée, il y eut un jeune homme qui vit
passer cette aimable théorie, assez semblable
aux belles Athéniennes qui s'en vont poser sous
les yeux du grand sculpteur. Il était là, échoué
sous les buissons, plus mort que vif, notre

héros d'innocence et de désespoir, le chevalier
de Fosseuse. Il avait échappé, par miracle, à
tous les dangers de cette nuit funeste. Il devait
se tuer dans sa chute, il se releva sans autre accident qu'une légère contusion ; un nuage, en-
tourant soudain la clarté de la nuit, le sauva
des deux balles de M. de Bagneux ; il tomba en
fuyant dans le Lis, et s'abandonna au courant
de ce flot silencieux. Pas un héros d'aventures
et de romans, dans tout ce siècle des Manicamp,
des Wardes et des Lauzun, qui eût subi en
toute sa vie autant d'épreuves que le chevalier de Fosseuse en ces quatre heures de tor-
ture. A force de tendresse et de dévouement,
il garda tout son sang-froid ; il ne perdit ni son
chapeau, ni son épée ; il ne laissa pas un seul
vestige de son passage. Il savait qu'une seule
preuve eût perdu sa chère maîtresse.

Enfin, quand le flot compatissant l'eut jeté sur
sa rive, au moment où la grande rivière allait
s'emparer de cette humble épave, il était temps
que notre amoureux sentît la terre ferme : il
était à bout de ses forces, il ne pouvait aller
plus loin ; on l'eût pris pour un naufragé de

l'Océan, quand la tempête a brisé le navire et jeté le dernier matelot sur l'écueil. Tel Ulysse, au cinquième livre de l'*Odyssée*. Un dieu lui vient en aide, et l'abrite sous le feuillage d'un arbre épais ; le malheureux roi d'Ithaque, le jouet des flots, attend paisiblement que vienne à son aide une déesse, ou tout au moins une princesse, semblable aux immortelles, la princesse Nausicaa.

Ces souvenirs de l'antiquité classique étaient les plus naturels du monde aux jeunes esprits de ce siècle à demi pédant, qui mettait volontiers la science au service de toutes ses passions. Disons tout : le souvenir d'Ulysse implorant ces baigneuses souples, éveillées, plaisantes, qui portaient leur arc et leurs flèches dans leurs yeux, devint un encouragement pour l'humble naufragé de Mme de Bagneux. Il se sentait bien malade et bien faible, et se demandait par quel miracle il échapperait au danger d'être aperçu dans le triste état où le voilà. Toutefois il attendait, il espérait. Les amants malheureux croient volontiers au miracle. Or, le miracle apparut dans la personne alerte et bien faite de cette même Isabelle, qui va tenir une grande place en ce récit.

Elle était née, entre toutes le suivantes, coquette, habile, et croyant qu'elle n'avait pas été mise ici-bas uniquement pour servir, pour obéir, et donner l'exemple, à bon marché, de toutes les vertus. Chacun disait à la voir : *Elle est jolie!...* Elle se savait très-jolie et faite à ravir. Elle avait les yeux bruns et brillants, le nez dans les plus justes proportions; la bouche agréable et de belle couleur; le teint blanc, uni, et d'une pâleur mate, à l'orientale. Son visage était un peu long, son menton pointu, mais de l'un et de l'autre elle savait tirer grand parti. Au demeurant, très-insolente sous des apparences très-civiles. Avec peu de chose elle s'habillait à merveille; d'un bout de dentelle oublié par sa maîtresse elle relevait ses cheveux noirs, beauté rare en ce pays de Touraine où le sol est couvert de fleurs et de fruits dorés au soleil. Ainsi faite, elle était d'autant plus galante que sa parure venait plus de son grand air que de la magnificence de ses habits. Qui la regardait sans attention ne voyait d'abord qu'une belle mine entre douce et niaise ; mais pour peu qu'elle fût en espérance, elle prenait soudain une clarté, une vivacité incomparables, et quelqu'une de ces grâces secrètes qui mettent seules une différence, au même âge et dans la même beauté, entre la reine et la sujette. Telle elle était, et de l'humeur de tout le monde, en attendant qu'elle fût de sa propre humeur.

Déjà, sans en rien dire, elle avait rencontré de grands amis de sa beauté : échevins, conseillers, commandeurs de Malte, le prévôt de la ville et plus d'un président à mortier. Même un jour M. de Bagneux, son maître, oubliant, l'insensé ! quelle femme il outrageait par son caprice, avait fait à la belle une grande déclaration, qu'elle avait écoutée à demi, rejetée à demi. Elle en savait déjà trop long pour se laisser abuser aux promesses d'un homme retenu par des liens si beaux, et voilà pourquoi, sans doute, le nom d'Isabelle, en cette nuit dangereuse, s'était rencontré sur les lèvres indiscrètes de M. de Bagneux. Certes, il eût donné beaucoup pour le reprendre ; mais ce nom-là était tombé dans l'oreille de M. des Ro-

tours, et de son oreille dans son esprit grand
chercheur de mystères. Ce fut M. des Rotours
qui, rencontrant sous le vestibule Isabelle ac-
courue au bruit du jardin, la mit au fait de
l'accusation lancée contre sa vertu.

« Il paraît, mademoiselle, que nous avons fait
une grande passion? Un beau jeune homme
est caché par là, quelque part, qui voulait
vous surprendre en petit déshabillé... » De
cette confidence imprudente, Isabelle prit la
part qui convenait à son juste orgueil. Il y
avait déjà plus de six mois qu'elle se demandait
quand donc viendrait son tour d'entrer dans les
belles aventures... Quel était ce jeune homme,
et comment avait-il fait pour échapper aux regards de sa coquetterie? Une fillette qui regarde
à droite, et qui regarde à gauche, a de grandes
chances pour découvrir l'habile maladroit qui
va tout droit devant soi.

Isabelle accompagnait chaque matin sa maîtresse, et portait son peignoir de mousseline,
ses jupes brodées et ses menus bijoux. Elle assistait, non pas sans quelque envie, aux ébats
innocents de ces jeunes filles et de ces jeunes

femmes d'une si belle origine, et comme on
en trouvait partout dans l'antique province,
sur le bord de ces eaux, sur la lisière de ces
bois, sous ce beau ciel harmonieux, paisible,
enchanté.

Parmi ces beautés très-éveillées et d'une
perfection qui brillait dans ces eaux fraîches,
sous l'auréole de leurs quinze ans, les unes
venaient des Valois, les autres des Bourbons.
Elles étaient vraiment les compatriotes d'Agnès
Sorel, dame de beauté. Tous ces châteaux,
l'orgueil de la Renaissance, Chambord et Che-
nonceaux, contenaient dans leurs chartes les
nobles origines de ces aimables Tourangelles.
Elles chantaient une infinité de : *bonsoir! bonjour! petit doigt!* et *Pon Breton!* pendant que
leurs fidèles servantes préparaient la colla-
tion sur l'herbe et faisaient chauffer les pei-
gnoirs de leurs maîtresses aux rayons du soleil
levant.

Ce fut en ce moment que notre Isabelle, attentive à tout ce qui se passait, découvrit, plus
mort que vif, enfoui dans une meule de foin,
ce jeune homme éprouvé en si peu d'instants

par des accidents si cruels. Peu s'en était fallu qu'il ne tombât évanoui sur ce rivage.

La chaleur du foin, qui gardait encore la tiède haleine des vents du midi, le réchauffa quelque peu. Mais dans quel triste état il apparut aux yeux de la fière servante! Après l'avoir bien considéré, sans mot dire, elle finit par le reconnaître. Ah! qu'il était changé! Le limon du fleuve avait sali ses riches habits; il est vrai que ses bas et ses souliers déchirés laissaient entrevoir une jambe et des pieds dignes de danser les ballets *dansés par le Roy.* Il n'était pas si fort caché dans ces herbes, dont la douce odeur le réjouissait, qu'on n'aperçût bien qu'il était fait à ravir. Encore un peu de temps, ses cheveux mouillés et collés sur ses tempes friseront de plus belle. Or, de la ruine et des débris de ce prince Charmant, Isabelle en savait assez long pour savoir qu'une fille habile et prudente en pourrait tirer bon parti. D'ailleurs elle était convaincue (et voilà le grand motif d'être un peu charitable) que ce jeune homme avait couru pour elle tous ces périls. Elle lui tenait compte aussi de cet état misérable, et surtout de sa discrétion. Elle espérait en lui, le trouvant assez bien né, assez riche et bien fait, pour être digne d'une espérance. Chacun sait que l'espérance est la nourriture et le lait de l'amour; telle fut la pensée intime d'Isabelle. Enfin, ce mot *nourriture* amenait le soupçon que ce chevalier de la triste figure était à jeun depuis la veille.

Elle tendit au naufragé le pain et le vin de la corbeille où se cachait le déjeuner des baigneuses. Il dévora la miche et vida la bouteille; il mangea les confitures. Ce jeune corps se relevait à mesure que l'âme était moins abattue. La fiole d'or qui contenait les essences dont se servaient la princesse Nausicaa et ses compagnes pour assouplir leur corps engourdi dans le flot salé fut remplacée avec avantage par une bouteille d'eau de Hongrie. A la fin, se sentant mieux, le triste naufragé jeta sur sa bienfaitrice un regard plein de langueur. Un beau vermillon monta à la joue d'Isabelle. Elle savait déjà le secret du métier... rougir à propos.

A la fin, se tournant du côté de la tente où

ces dames chantaient en chœur la chanson du
vieux Lulli :

Soyez heureux, soyez contents
Soyez toujours fidèles....
Que les amours sont belles
Quand elles sont nouvelles....

« Chut! fit-elle en portant un doigt à sa
lèvre incarnate; il faut partir. Mais comment
faire? vous êtes perdu si l'on vous voit. » Alors
elle découvrit sur la meule où s'était caché le
chevalier le râteau et le chapeau d'une faneuse.

« Allons, reprit-elle, tout va bien. Cachons
ces cheveux sous cette paille grossière; ar-
mez-vous de ce râteau, et, vous glissant de
l'une à l'autre meule, vous gagnerez ce petit
bois où les amants vont rêver depuis les temps
du *Roman de la Rose.* » En pareille occasion, entendre est obéir.

Le chevalier ajusta de son mieux ce chapeau,
un peu large pour sa tête mignonne; il eut la
présence d'esprit de payer sa libératrice en belle
et bonne monnaie... un baiser sur cette belle

joue... et, d'un pas plus léger qu'on ne l'eût pu croire après les fatigues de la nuit, il gagna, tout charmé de ses audaces, ce bois d'ormes et de charmes où il avait lu si souvent les homélies de saint Jean-Chrysostôme, *la Cité de Dieu*, le quatrième livre de l'*Énéide*, Horace, Ovide, et les *soliloques* de saint Augustin.

III

Les jeunes gens de ce matin, et même les jeunes gens d'hier (une race digne d'envie!), en pensant aux peines charmantes des amoureux, conviendront volontiers que l'Amour est un dieu plein de génie. Il crée, il invente; il se tire à plaisir des difficultés les plus grandes. Mort, il ressuscite; désespéré, il se console. Il est incomparable en doute, en changement, en péripéties, en étonnements de toute espèce; il n'est pas d'entreprise si difficile qu'il ne s'en tire à sa louange, et les âmes les plus rebelles finissent toujours par reconnaître et subir son autorité toute-puissante. Où trouverez-vous un dieu plus savant à plier les cœurs les plus résolus et les plus libres à la plus violente servitude, un dieu plus habile à combler de gloire et de plaisir les gens les plus inquiets d'avoir perdu

4

leur libre arbitre, à rendre heureux ces pauvres souffreteux qui osent à peine regarder l'inhumaine d'où leur vient toute leur peine?

Et pourtant, n'est-il pas démontré par messieurs les peintres et par messieurs les poëtes, leurs serviteurs, que l'Amour est aveugle? Ils nous le figurent sans cesse et sans fin un bandeau sur les yeux, ces beaux yeux plus brillants que l'étoile, et qui lisent dans le fond des cœurs. L'Amour *aveugle*, y pensez-vous? Ce conquérant de toute la terre; ce profond connaisseur en toute espèce de beautés, à qui pas un mystère n'est caché! C'est pourquoi les véritables amants rient volontiers de cet Amour aveuglé par des peintres malavisés, faute de savoir reproduire dignement l'éclat, la profondeur et la vivacité de son regard.

Il ne fallait rien moins que cette honnête déclamation pour donner le temps au chevalier de Fosseuse de rentrer dans son logis. Qui l'eût rencontré entre chien et loup, fagoté de la sorte, eût crié au fantôme. A peine si son chien le reconnut; la vieille gouvernante eut grand'peine à distinguer sous cet habillement grotesque

la fillette du jouvenceau. Bien plus, la surprise et l'hésitation de la bonne femme donnè-
rent au chevalier l'idée ingénieuse d'un déguisement qui le rapprocherait, d'une façon ines-
pérée et certaine, de ses innocentes amours.

Son premier soin fut d'arracher les derniers
lambeaux du vêtement qui le couvrait, et de se
sécher à un grand feu qui rendit l'élasticité à
ses jointures engourdies par le froid. Quand il
fut bien séché et qu'il eut bien réparé ses forces,
il chercha dans ses vêtements la lettre mysté-
rieuse qu'il avait emportée, toute couverte des
belles larmes de Mme de Bagneux. Bien lui en
prit que cette lettre fût écrite sur ce gros papier
dont le roi lui-même se servait pour écrire à
Mme de Montespan. Sur un papier moins solide
la lettre eût été illisible au sortir de ce bain
forcé. Encore eut-il grand'peine à la lire. Il y
fallut employer ce regard de l'Amour dont nous
parlions tout à l'heure. Voici ce que contenait
ce billet :

« *Vous serez bien malheureuse, ma chère sœur, quand
vous apprendrez que je vais mourir pour avoir tué en*

duel mon capitaine sur les glacis de Saint-Avertin. Je
suis détenu en ce moment dans le cachot du petit château
de Langeais; pas plus tard qu'après-demain, on doit me
conduire au château de Loches, où je comparaîtrai de-
vant le grand prévôt. Adieu, ma bonne sœur. Quelle que
soit ma faute, je meurs digne de vous, avec l'espoir de
retrouver notre admirable mère, à qui je veux raconter là-
haut toutes les bontés que vous aviez pour moi. »

Le chevalier lut à deux reprises cette épître
funeste, et comme les ordonnances sur le duel
étaient parfois exercées à la rigueur, il ne douta
pas un seul instant du danger très-sérieux que
courait un jeune homme abandonné de tout le
monde.

Il connaissait (c'était le premier devoir d'un
homme de condition) toutes les familles de la
Touraine ; il en savait les moindres alliances.
Or, jusqu'à présent, Mme de Bagneux avait été,
pour le chevalier et pour tous, la fille unique
de M. et de Mme de Tonnay-Charente. Il avait
entendu trop souvent, pour en douter, le vieux
seigneur regretter de ne point avoir quelque
héritier de son nom ;... ce fils soudain, qui sur-

gissait d'une si cruelle catastrophe, à coup sûr
M. de Tonnay-Charente l'eût accepté comme
un don inestimable de la Providence. Ainsi, le
chevalier se trouvait en présence d'un mystère,
et maintenant il comprenait les angoisses de
cette jeune femme au désespoir. « Je lui rendrai
son frère ou je mourrai pour elle et pour lui! »
se disait-il. Sa résolution étant prise, il donna
ses ordres à son valet, et dormit jusqu'à deux
heures de l'après-midi.

A peine réveillé, il s'habilla moitié faneuse,
moitié paysan : un justaucorps de gros drap
gris couleur de fer, des bas de soie et des sabots,
le chapeau de paille à sa tête, beaucoup d'or
dans sa poche, un fouet à la main. Il trouva
dans la cour la petite carriole de son fermier
attelée au meilleur cheval de l'écurie ; le cheval était déguisé comme le maître : un collier
rustique orné de sonnettes, et des cordes pour
guides. Le chariot était couvert, deux hommes
pouvaient s'y tenir à l'aise. Le chevalier s'assit
sur le brancard, et le voilà parti. Chemin fai-
sant, il songeait au bonheur, et peut-être à la
reconnaissance de Mme de Bagneux quand elle

apprendra que son frère est déjà loin des tristes remparts du château de Loches, dont le nom seul était une terreur. Louis XI avait rempli ces murailles de sa vengeance implacable. Olivier le Dain avait inventé les cages de fer où furent enfermés le cardinal de la Balue, le troisième fils du duc de Savoie, et Charles de Melun, lieutenant général du royaume. Autant d'années, autant de misères.

Dans ces murailles furent détenus : Ludovic Sforze, le comte de Saint-Vallier, le duc d'Elbeuf, mangeant le pain du roi. Avec un peu d'attention, on eût encore entendu le cri des misérables, on eût retrouvé la trace de leur sang. « Non, non, se disait le chevalier de Fosseuse, il ne sera pas dit, mon cher ami, toi pour qui ta sœur a tant pleuré, que tu seras conduit, demain, dans cette forteresse où tous les tyrans ont exercé leur vengeance. Non, tu ne seras pas impunément sous la protection de cette aimable beauté ; je veux te sauver ou me perdre avec toi. »

Telles étaient les pensées compagnes de son voyage.

En même temps, il revenait sur lui-même ; il

songeait quelle eût été sa destinée si le ciel l'a-
vait fait naître l'aîné de sa maison. Comme il
eût échangé une vie obscure contre une suite
de prospérités incomparables! Parmi ces prospérités, la plus grande eût été de s'approcher de
Mlle de Tonnay-Charente, et de mettre à ses
pieds tous les honneurs d'une pairie. A force
d'amour, il était devenu presque un ambitieux.

Ils arrivèrent sur le tard, sa bête et lui, dans
la bourgade voisine du petit château où le malheureux frère de Mme de Bagneux était enfermé.
Une seule auberge était plus que suffisante aux
voyageurs que la nuit surprenait dans ces chemins difficiles. La fille du logis filait sa que-
nouille sur le pas de sa porte, et chantait une
chanson qui n'avait rien de rustique :

> O messager fidèle
> Qui reviens de la cour,
> Apprends-nous la nouvelle :
> Que fait-on chaque jour ?

Elle se tut à l'aspect du jeune et beau paysan
qui lui disait : « Ma belle fille, avez-vous de la
place pour mon cheval et pour moi ?

— Toute la maison est à votre service, » répon-
dit-elle, et elle appela pour qu'on vînt dételer
le cheval et remiser le chariot. Survint alors
(c'est toujours la même histoire : un cabaret,
une fillette, un amoureux) l'amoureux de la
fillette, et cet amoureux n'était rien moins que
le gardien de la prison. Le chevalier le reconnut
à son nez pointu, à sa grosse clef, à ses petits
yeux inquiets et clignotants. Heureusement le
geôlier était jeune, et tout de suite, en homme
habile, il découvrit que ce jeune garçon attablé
qui touchait à peine au bon vin de Saint-Cyr-
sur-Loire dont son verre était rempli, devait
être tout bellement une *fillette* sous les habits
de l'autre sexe. Oui-da ! l'on n'en donnait pas à
garder à monsieur le gardien des prisons de
Langeais (c'est le nom de la bourgade), et voilà
notre idiot très-content, qui fait à la *belle* un
petit signe d'intelligence. Après un temps, ils
finirent par s'entendre, *elle* et lui.

« Ne me perdez pas, monsieur le major, je
viens pour voir une dernière fois ce malheureux qui part demain pour le château de Loches. Faites, disait le chevalier, que je le voie

et lui porte mes derniers adieux. Buvez cependant
ces deux louis d'or à ma santé. » Ces deux louis
d'or, si rares dans un pays sans argent, ayant
levé toute difficulté, l'homme à la grosse clef
donna rendez-vous sur le minuit à ce visiteur
peu dangereux. « Mon prisonnier se promènera
dans la cour, ma belle *demoiselle*, et vous aurez
dix minutes pour vous dire adieu. » Il partit
avec un petit geste amical, emportant un grand
broc de ce joli vin semblable au vin d'Anjou,
qu'il faut boire avec prudence pour peu que
l'on tienne à sa raison.

Sur l'entrefaite, la fillette du logis, voyant
son amoureux plus tendre qu'à l'ordinaire, se
douta de quelque mésaventure : « Holà, dit-
elle au chevalier, il paraît qu'en mon absence,
M. Jean m'a bien négligée? — Il vous a négligée à ce point, ma belle, qu'il me prend pour
une jeune fille, et qu'il m'a promis le mariage
à condition que j'irai, tantôt, souper avec lui
dans son donjon. » Puis, voyant la dame in-
téressée à son récit, il ajouta tout ce qui pouvait
enflammer sa colère. A mesure qu'il parlait, sa
voix produisait sur cette âme irritable et jalouse

5

une irritation facile à comprendre. Quand son trouble et son dépit furent au comble, elle se promit de se venger de son futur mari, et, tout de suite, elle se tint parole :

« Écoutez-moi, dit-elle, et suivez mon avis. Vous voulez pénétrer dans le château et consoler le jeune officier que j'ai vu passer, il y a deux jours, entre deux hommes de la maréchaussée? Eh bien, j'irai, à votre place, au rendez-vous de M. Jean, et vous, pour peu que vous ayez le pied solide et la tête calme, vous franchirez le fossé à ma gauche, sur un pont de mon invention. La place est démantibulée et mal gardée; on n'y met guère que des braconniers et des voleurs de grands chemins; c'est la première fois depuis longtemps qu'un gentilhomme est enfermé dans ces murailles croulantes. Donc, au beau milieu du parapet, et par la brèche à demi cachée sous une ronce, entrez hardiment. Une planche est jetée au-dessus du fossé qui vous conduira sur l'autre bord. J'ai passé par là plus de vingt fois, moi qui vous parle, en revenant par le même chemin. Au pied de la tourelle, et dans une petite cour qui conduit à son cachot, vous trouverez le jeune homme que vous cherchez ; pendant que je verse à boire au geôlier qui s'enivre, vous et votre ami, vous prenez la clef des champs. Tout le reste me regarde. Est-ce dit ? Est-ce fait ? »

A ces mots, le chevalier prit la main de sa bienfaitrice, et la remerciant d'un regard tout rempli de reconnaissance : « Avant une heure d'ici, ma belle enfant, vous serez obéie. » Et comme il regardait l'heure à sa montre ourlée de perles, il la pria de l'accepter en souvenir de sa bonne action. Elle hésita quelque peu, mais enfin elle accepta de bonne grâce un beau présent fait de bonne grâce. Aidé par elle, le chevalier attela son cheval au petit chariot. Il tira de sa cachette un déguisement et des armes pour le jeune officier. Il assourdit les sonnettes du collier. Ces sonnettes l'avaient servi, en désignant un voyageur qui n'est pas fâché qu'on l'entende venir ; maintenant elles pouvaient le dénoncer dans sa fuite, et c'est pourquoi il apaisa ce bruit dangereux.

L'heure étant venue, il se mit en route pour cette expédition dont le seul récit lui eût donné la fièvre avant-hier.

On y voyait comme au mois de juin, quand le ciel est rayonnant d'étoiles. Au même instant la fillette aux yeux malins entrait dans la geôle de son infidèle, et le chevalier de Fosseuse, en tremblant, mais plein d'espoir, s'avançait au hasard sur cette planche glissante qui devait être sa perte ou son salut. Certes le péril était grand par ces clartés vacillantes, au-dessus de ces grands fossés tout remplis de voix rauques et de clapotements. Heureusement, de son côté, le jeune captif, qui regardait pour la dernière fois peut-être briller son étoile au-dessus du nuage, aperçut cette ombre qui glissait sur une pente invisible, et, la voyant chanceler, il lui tendit, bien à point, une main vigilante en lui disant tout bas : « *Qui vive ?*

— Olympe ! » répondit l'ombre. Olympe était le petit nom de Mme de Bagneux. A ce nom seul, il sembla au prisonnier que le ciel venait de s'entr'ouvrir, et tout de suite il trouva d'instinct le plancher libérateur. Peu s'en fallut que cette planche de peuplier ne se brisât sous le poids de ces deux hommes; mais l'un et l'autre ils étaient si légers, si jeunes ! Le bonheur don-

nait des ailes à ce condamné, sauvé par miracle
du mortel danger qui le menaçait. Donc, les
voilà, grâce à Dieu, sur l'autre bout, heureux
et contents, on peut le croire. En un clin d'œil
le jeune dragon eut jeté la solive dans le fossé,
et remplacé son habit aux parements rouges par
une longue robe de couleur sombre que retenait une large ceinture : « Dieu me damne ! me
voilà tout au moins chanoine de mon patron
saint Martin de Tours, capitaine de dragons... »
Puis, sur un signe, il suivit son libérateur en
grand silence.

Au bout de l'avenue, ils trouvèrent le petit
chariot : « Mon ami Martin, lui dit le chevalier, cachez-vous là dedans, vous y trouverez
épée et pistolets, de quoi vous défendre ; cependant point d'imprudence, et laissez-vous conduire... » A peine installés, le bon cheval répon-
dant à l'appel de son maître, il partit au grand
trot par un sentier qui ne se sentait guère des
négligences de tous ces chemins ruraux que la
corvée avait peine à parfaire. Ils couraient
depuis bientôt deux heures, lorsqu'au dernier
carrefour qui les menait sur le grand che-

min, ils rencontrèrent quatre ou cinq hommes de la maréchaussée conduits par un brigadier de cavalerie. Ils se rendaient sans trop de hâte à la petite forteresse où ils devaient prendre le prisonnier et le conduire, le lendemain, bien et dûment lié, à sa dernière destination.

Hommes et chevaux, repus aux dépens des malheureux paysans, étaient de bonne humeur. A peine si le brigadier jeta un regard curieux sur ce coche de piètre apparence, et, n'y voyant rien de suspect : « Bon voyage ! » dit-il au paysan, qui le saluait du bonnet.

Ceci dit, chacun suivit son chemin de son côté.

IV

C'était l'heure favorable où tout dort sur la terre
et dans le ciel. Les bruits, les chansons, les mur-
mures, les étoiles, tout fait silence. Les légers par-
fums de ces heures bénies règnent seuls dans le
vaste espace. Il n'y a pas d'heure plus fortunée et
mieux choisie à qui veut se rappeler le pays natal.
« Ange ou démon, s'écria le lieutenant en prenant place de l'autre côté du brancard, qui que
tu sois je t'appartiens à tous les droits de la reconnaissance. Es-tu bien arrivé ! m'as-tu sauvé
vite et bien ! et ma chère Olympe pouvait-elle
choisir un sauveur qui fût plus habile ! »

Ainsi parlant, il était grotesque et radieux.
Sa soutane était trop étroite et trop courte, il
faisait craquer sa soutane. Il avait passé deux
pistolets dans sa ceinture ; il riait tout bas, il

riait tout haut, interrogeant toujours et ne ré-
pondant jamais. La maréchaussée pouvait revenir sur ses pas, il ne s'en inquiétait guère. Arrivé
à la bifurcation des deux sentiers, le chevalier,
tournant brusquement à sa gauche : « Et maintenant, nous allons voir ce que vous savez faire,
Incitatus, mon bon cheval. »

Sur le nouvel appel de son maître, *Incitatus*
partit comme une flèche, et le lieutenant Martin
eut grand'peine à se retenir. Ils coururent ainsi
l'espace de quatre à cinq lieues, et gagnèrent
les bords de la Loire, à l'endroit même où les
bateaux pêcheurs se réfugiaient contre les oura-
gans de l'eau douce. Ici nos deux héros s'arrê-
tèrent : « Maintenant je m'y reconnais, voici la
Loire et je suis sauvé, disait le dragon. J'aurai
trouvé bien vite un marinier qui me mène en
lieu sûr, et si vous m'en croyez, mon camarade,
c'est là que nous nous quitterons. Dites-moi
cependant votre nom ; vous savez le mien, je
n'en ai pas d'autre, et si le dragon Martin finit
par être un jour le duc et pair et maréchal de
France Martin, vous verrez que vous n'aurez
pas obligé un ingrat. »

Le chevalier de Fosseuse se prit à sourire : « Au moins, dit-il, monsieur le maréchal, avez-vous de l'argent dans votre poche? » Et voyant que l'officier restait fort étonné de la question : « Voici, dit-il, deux cents pistoles que j'ai préparées à tout hasard. Donnez-moi, je vous prie, un petit mot de contentement pour la dame qui m'envoie, et vous et moi nous serons quittes. » Alors, sur le papier même de son invocation à sa protectrice invisible, le dragon Martin écrivit à sa sœur : « Je suis sauvé par le chevalier de Fosseuse. Je vais chercher fortune en Hollande, auprès du *Taciturne*. Aimez-moi toujours et me bénissez ! »

Le joyeux matin s'était levé sur l'entrefaite. Un vieux pêcheur de la Loire, qui semblait fort habitué à ces sortes d'expéditions, prit le jeune échappé dans sa barque, et l'enrôla sous le nom et sous l'habit d'un matelot. Avant de se séparer les deux jeunes gens s'embrassèrent, et chacun s'en alla de son côté : celui-ci du côté de la guerre, celui-là du côté de ses amours.

Comme il avait fait un grand détour et que sa bête était lasse, le chevalier de Fosseuse ne rentra chez lui qu'assez tard dans la nuit. En pas-

sant près des bords de la rivière sa voisine, où
se jouait la lune en son plein, il s'agenouilla,
et puisant dans ses mains cette eau claire où
s'était baignée la veille encore la jeune et belle
dame de sa pensée, il s'enivra de cette eau charmante. On aurait tort de s'étonner de la folle
action de ce jeune homme... il était parfaitement
amoureux.

Revenons cependant à Mme de Bagneux. Elle
en était à se demander si tous ces accidents qu'elle
avait traversés en si peu d'heures étaient veille ou
songe. Elle avait peine à se reconnaître, et revenait lentement par la pensée à cette nuit funeste.
Elle se revoyait soudain, peu vêtue, entre les
mains de ce jeune insensé qu'elle avait à peine
aperçu. Il lui semblait que ces deux mains pleines de fièvre étaient prêtes à l'étouffer pour la
sauver d'une honte dont elle était innocente; elle
entendait encore les bruits de la fenêtre ou-
verte... et le lendemain elle cherchait *la lettre*, et
si vraiment elle avait eu sous les yeux ce terrible
appel de ce malheureux frère au dévouement de
sa sœur. Images confuses, bruits effrayants, souvenirs pleins de délire et de pitié! Enfin pas un

homme qui lui pût venir en aide ! pas une ex-
périence qu'elle pût consulter ! Son mari, silencieux comme à l'ordinaire... eût été le dernier
qu'elle eût osé consulter. Encore une fois, elle
se perdait en toutes ces visions.

Cependant, ces journées sans fin, ces nuits
sans sommeil, cette honnête conscience où pour
la première fois le doute était entré, auraient
fait bientôt de la jeune femme un digne objet de
pitié. Mais quoi ! rien n'était changé dans sa vie.
Elle obéissait encore à l'habitude ; elle écoutait
sans entendre, et les indifférents croyaient encore
à son sourire.

Il y avait, ce soir-là, grande réunion chez
monseigneur l'archevêque, homme du monde et
bel esprit, très-fier de sa noblesse, et toutefois
assez bonhomme, à condition qu'on ne touche-
rait ni à son rang, ni à son orgueil. L'autorité
de monseigneur l'archevêque était grande en
toute la province. Il était charitable aux petites
gens, bon conseiller aux plus grands seigneurs.
Il aimait la poésie et l'éloquence, et les murailles
de son palais resplendissaient des plus belles
peintures. On ne manquait guère aux moindres

volontés de Sa Grandeur. Son invitation était
un ordre. Il avait marié Mme de Bagneux,
il l'avait pour ainsi dire élevée, elle le payait
en reconnaissance, en confiance, en respects.
Même à l'heure de cette brillante réunion dans
les salons, dans les jardins de l'archevêché, sur
les terrasses du palais épiscopal. la jeune femme,
en grand habit et très-parée, hésitait à confier
au pontife le sort du jeune soldat rebelle à toutes
les lois de la discipline.

Hélas! voilà ce qu'elle songeait : « Comment
faire? et comment expliquer l'intérêt d'une
femme de dix-huit ans pour un jeune officier de
vingt-cinq ans à peine? » Ainsi rêvant, elle oubliait le charme infini de cette minute heureuse,
au bruit des musiques lointaines, au murmure
des eaux jaillissantes, sous le parfum accablant
des orangers chargés de fruits, couverts de fleurs.
Comment expliquer ce mystère du sixième sens?
La jeune femme, en ce moment désespéré, soudain se sentit soulagée. Un changement inespéré se fit sentir dans sa destinée. Enfin, sans
savoir pourquoi ni comment, elle comprenait
qu'une âme ici présente lui venait en aide.

En effet, le chevalier de Fosseuse était là, dans une muette extase, et contemplait l'arbitre de sa vie !... A peine elle fut étonnée ; elle trouvait que rien n'était plus simple et plus naturel que cette rencontre, à pareille heure, dans la maison de ce prélat que M. de Fosseuse appelait son oncle. Elle devait le revoir ici même, ou jamais. Lui cependant, pour répondre à cette interrogation muette, il ouvrit la lettre. Alors la jeune femme, à la clarté des lumières cachées sous les arbres, put se repaître à loisir de ces deux lignes qui lui disaient : « Ton frère est sauvé ; tu viens de conquérir un cœur à l'image de ton cœur ! » Après l'avoir bien lue et relue, elle cacha cette heureuse lettre dans son corsage. O honheur ! le sang revenait à sa joue et le bonheur dans son âme ! Elle avait, à tout hasard, paré son beau sein d'une rose ; elle l'offrit, sans mot dire, à l'amoureux chevalier. Celui-ci baisa la main qui l'honorait, et voyant rouler dans les yeux de sa maîtresse une douce larme, il la recueillit de sa lèvre amoureuse.

On entendait, dans le lointain, vibrer les danses et les chansons au bruit des musettes

arrière-petites-filles des musettes que le roi
Louis XI avait fait venir pour endormir son
agonie.

« Allons, j'ai froid ! » dit la dame rassérénée ;
et son chevalier eut l'honneur de la conduire au
cercle de monseigneur, qui partagea son doux
sourire entre ces deux jeunes gens qu'il aimait.

« Mon beau neveu, dit-il au chevalier, voici
plusieurs jours que nous n'avons eu la faveur
de votre aimable visite, et pourtant vous avez
eu rarement un plus beau visage. On dirait
d'un fiancé qui savoure encore le consentement
de son amoureuse. Ah ! mon cher enfant,
puisque aussi bien vous avez pris congé de l'É-
glise notre mère, dites-moi, tout au moins,
quand viendra le jour où vous nous présente-
rez, portant le nom de nos ancêtres, une jeune
femme, honorée entre toutes, et faite à l'image
de la dame que voici ? » Sur quoi les deux jeunes
gens se trouvèrent tout confus. Mais le bon
prélat, une fois parti, ne s'arrêtait guère en si
beau chemin. Il connaissait d'ailleurs les chastes
vertus de ces deux jeunesses ; enfin, il était tout
préoccupé d'une histoire que venait de lui ra-

conter, en grand secret, M. le brigadier Merci de Montalet, qui commandait toutes les forces de la province :

« Une évasion ! figurez-vous une évasion romanesque. Un dragon renfermé dans un cachot de cent pieds de profondeur ; un double fossé de cent pieds de large ; une garnison de cinquante hommes ; un geôlier incorruptible. Comparées à cette prison d'État, les tourelles de Plessis-lez-Tours et la cage de fer du cardinal de la Balue étaient jouets d'enfants. Eh bien, mon neveu, ce dragon rebelle et destiné à passer par les armes, il est parti comme une fumée ! Pas une trace d'évasion, pas un homme endormi, le geôlier à son poste. C'est un miracle, et je le croirais volontiers, le jeune dragon ayant l'habitude, en toute occasion, de jurer par son saint patron, saint Martin de Tours.

— Et sait-on, monseigneur, reprit Mme de Bagneux, non pas sans un certain tremblement dans la voix, ce que le jeune homme est devenu ?

— On l'ignore absolument, ma chère enfant. Les gardes qui veillent nuit et jour au sommet

du château fort n'ont rien vu venir, rien vu
partir, rien vu passer. Enfin, pour le dire entre
nous, je ne suis pas très-fâché que ce jeune homme
ait échappé miraculeusement au supplice inévitable. Ah! le pauvret! Il n'était connu de personne; il n'était protégé de personne. On ne lui
savait pas de famille; on savait seulement qu'il
était bon gentilhomme. Il était poursuivi pour
un délit misérable, à tout prendre : un petit duel
entre officiers. Ma foi, si les ordonnances eussent
été sévères à ce point sous nos anciens rois, toi
et moi, mon cher neveu, nous ne serions pas de
ce monde. Un marquis de Fosseuse, notre aïeul,
capitaine des gardes du roi Henri III, a tué en
champ clos un proche parent du duc de Longueville. Un baron de Fosseuse, capitaine-lieutenant
de la première compagnie des mousquetaires du
roi Louis XIII, a tué en duel, sur la terrasse
de Saint-Germain, le propre neveu du prince de
Turenne. On ne parle ici que des principales
rencontres des hommes de notre maison, les
plus recherchés parmi les porteurs d'épée.
Ainsi, mon neveu, à tout péché miséricorde, et
prions Dieu que le dragon Martin ait trouvé,

dans son chemin, cette moitié de manteau dont le grand saint Martin s'est dépouillé pour un pauvre qui l'implorait. Ce lambeau sacré rend invisible celui qui le porte; il nous protége contre l'incendie; étendu sur les flots de l'Océan furieux, vous êtes en sûreté tout autant que les apôtres dans la barque où dormait Notre-Seigneur Jésus-Christ : *Seigneur, Seigneur, disaient-ils, nous périssons !* »

On le voit, le bon archevêque était un grand faiseur d'homélies; toute occasion lui était bonne pour animer le feu de la divine parole. Il eut bientôt un auditoire attentif au discours qui sortait de sa bouche, et dans la foule, entre le chevalier de Fosseuse et Mme de Bagneux, il y eut un regard qui voulait dire : *Aimez-moi, je vous aime ! à demain et toujours !*

V

M. le grand bailli baron des Rotours n'était pas, et tant s'en fallait, ce qui s'appelle un méchant homme, et pour rien au monde il n'eût poussé la malice jusqu'à la cruauté. Mais c'était un homme oisif qui prenait volontiers sa fête aux dépens d'autrui. Il avait commencé par trouver que Mme de Bagneux était charmante; il avait osé le lui dire, et comme il se jugeait avec tous ses avantages, il n'était pas sans quelque espoir de réussir tôt ou tard. Il avait la patience, justement parce qu'il était oisif; enfin il avait hanté la cour au plus beau moment du jeune règne, où chacun se piquait de suivre un exemple parti de si haut et de se mettre bien auprès des dames. Les dames, de leur côté, faisaient très-volontiers cette petite guerre. Les plus huppées

visaient droit au cœur du roi lui-même; les
dames de la seconde qualité s'adressaient à son
frère; il y avait d'autres beautés pour MM. les
talons rouges et les juste-au-corps à brevets, qui
n'étaient point de qualités moindres. Ce fut ainsi
que le grand bailli, dans ses jours d'autrefois, vit
passer sous ses yeux la princesse de Monaco,
la belle entre les belles, qui disposait de la
charge de général des dragons; il contempla dans
leur gloire de Niquée Mme la duchesse de Ri-
chelieu, Mme la duchesse de Créqui, cousine
de la duchesse de Lorraine et courtisée du
prince de Condé. Que de belles victoires se par-
tageaient les jeunes gens de la cour, le comte
de Guiche et le chevalier de Forbin, M. de
Louvois et le duc de La Feuillade, le maréchal
de La Ferté et le duc de Longueville! Il savait
par cœur toutes les galantes histoires qui ensei-
gnent à pécher, le grand bailli. Il vous eût dit
par quel syllogisme irréfutable le comte de
Sault avait obtenu un rendez-vous de Mme de
Cœuvres; par quels serments le marquis d'Ef-
fiat, un petit homme hardi et têtu, brave et
n'aimant pas la guerre, avait fini par dompter

Mme de La Meilleraie. Il y avait aussi Mme de Berthillac, qui, rencontrant à la comédie un danseur nommé Le Basque, en un clin d'œil fut éprise du danseur. Ils se rejoignirent à la fête de Saint-Cloud; Le Basque donnait le bras à Baron le comédien, et Baron rencontra par le même hasard la maréchale de La Mothe, qui l'emmena dîner dans la rue aux Ours.

En ce temps-là M. le baron des Rotours ne quittait pas ses deux amis principaux, le marquis de Biran et le chevalier de Colbert, qui étaient en l'âge des folies, et ne se gênaient guère. On les voyait souvent, l'un et l'autre, en plein public, dans le carrosse de Louison d'Arquien, une grande dégingandée au service des plus offrants, et Louison prenait volontiers le pas sur les duchesses. Ce va-et-vient de toutes les passions des jeunes seigneurs poursuivait M. le grand bailli dans sa retraite; il les revoyait toutes et tous dans une immense confusion : exilés, rappelés; aujourd'hui portant les billets du maître et le lendemain enfermés à la Bastille. Quant aux disputes entre ces messieurs, il leur suffisait de paraître en personne

dans l'assemblée générale de MM. les maréchaux de France, et soudain la plus mauvaise
affaire était arrangée. Ah! c'était le bon temps,
le temps des jeunes gens, des vieilles dames, de
la retraite chez le baigneur, des soupers fins
chez les comédiennes du Marais, des petits dîners
chez Madelon Dupré, des rendez-vous à la foire
Saint-Germain! Le temps des petits billets, des
loteries, des énigmes, des beaux sermons, des
ténèbres en musique, des riches baronnes et des
créanciers complaisants! Le grand bailli s'en
souvenait et soupirait. Il disait qu'il ne verrait
jamais, non jamais des femmes si bien faites, si
peu timorées, si dignes d'être aimées des ministres, des princes et du roi lui-même. Une fois
dans ces merveilles, il était intarissable; on
l'écoutait, d'abord pour lui plaire; et bientôt,
pour ne pas lui déplaire, on l'écoutait.

De ses printemps de Versailles et de sa propre jeunesse, il avait rapporté une belle épave,
un souvenir, mieux encore, un témoignage...,
un portrait, le portrait de Mme la comtesse d'O-
lonnes. Avec le plus beau visage du monde, aisé,
riant, les yeux vifs, les traits délicats, son gai

sourire embellissait toutes ces beautés. Elle
avait les cheveux d'un châtain clair, la gorge
admirable, et des mains et des bras!... Ni trop
ni trop peu d'embonpoint. Son esprit vif et plai-
sant la poussait à tous les plaisirs; le diver-
tissement était toute sa vie. Hélas! ce beau
portrait, cette aimable image où la vingtième
année avait prodigué ses miracles, avait appar-
tenu à bien du monde avant d'appartenir défi-
nitivement à M. le grand bailli!

Ce portrait avait été fait, en première occasion, pour le marquis de Beuvron; du marquis
de Beuvron il passa au duc de Candaule, un
bourru qui était brutal sur l'article, mais il était
duc et pair du royaume et général de l'infante-
rie gauloise. Un peu plus tard, Mme d'Olonnes,
étant pressée par ses créanciers, offrit son portrait à M. Faget par les mains crochues de
Mlle Quinet, une dame de sa compagnie. Au
bout d'un petit mois, le portrait passa des
mains du petit Faget, le financier, aux mains
du trésorier Jeannin de Castille; et toujours le
portrait allait et venait de celui-ci à celui-là,
du chevalier de Saint-Bremont à l'abbé de

Villarceaux, du prince de Marsillac à M. de
Vineuil.

Que d'extases ! Que de brillants sonnets
avaient empaqueté cette éloquente miniature,
et combien de fois ces beaux yeux avaient été
appelés : *Deux soleils!* Mais enfin le grand bailli,
par fortune, était resté le dernier occupant de
cette habile image; il l'avait emportée avec armes
et bagages, lorsqu'il fallut rentrer dans l'austé-
rité de ses grandes fonctions, sous les yeux de
toute une province, où chacun devenait, sans
cesse et sans fin, la censure et le censeur de sa
voisine et de son voisin.

Quand donc M. le grand bailli eut découvert
les dangereuses ardeurs de M. le chevalier de
Fosseuse et de Mme de Bagneux, il résolut de les
contrecarrer de toutes ses forces. Il était habile,
ils étaient imprudents; il cachait ses projets, ils
avaient peine à dissimuler leur tendresse. Ils
s'imaginaient, étant si peu criminels, que pas
un ne les trouverait coupables! On les voyait
souvent ensemble, et dans les meilleurs en-
droits de la ville, ne se gênant guère pour se
parler tout bas, et plus ils semblaient se bien

entendre, et moins M. de Bagneux semblait s'inquiéter de cette paix des amoureux, les plus jolis du monde. Il était jaloux, nous l'avons dit, mais tout d'abord sa jalousie avait fait fausse route. A force d'entendre et d'admirer les exploits galants du grand bailli son voisin, M. de Bagneux s'était imaginé que le danger de son repos et de son bonheur viendrait justement de ce voisinage, et c'est pourquoi toute son attention se portait de ce côté-là. Le chevalier de Fosseuse était toujours pour M. de Bagneux un jeune diacre, un futur coadjuteur qui tremblait sous les regards de son oncle monseigneur l'archevêque.

On eût dit en même temps que la ville entière était complice et de moitié dans ces belles amours. Cependant le chevalier, si timide et n'osant pas oser, faisait chaque jour un certain progrès dans l'esprit de la jeune dame. Où toute autre eût été fâchée, elle était contente ; elle savait gré à ce jeune homme de sa réserve et de ses respects ; elle se plaisait à l'entendre, à le voir, à lui sourire, et, jusqu'à nouvel ordre, il n'en demandait pas davantage. Hélas ! les

dieux d'en haut sont jaloux surtout de ces premiers bonheurs !

Un soir de ce même été, le chevalier de
Fosseuse et Mme de Bagneux assis sur un banc
du jardin de M. le grand bailli, il advint que le
chevalier s'étant levé le premier et ayant pris
congé de la dame, laissa tomber... justement ce
joli portrait de la comtesse d'Olonnes ! et soudain
Mme de Bagneux, ramassant cet écrin mysté-
rieux, l'emporta dans sa maison. Quand elle fut
seule et qu'elle put contempler tout à l'aise,
d'un regard jaloux, cette image des anciens
jours, elle eut peine à contenir toutes les douleurs dont son âme fut remplie à l'aspect de
cette coquette en déshabillé couleur de rose, la
joue et le sein tout couverts du plus beau vermillon des coquettes. « Ah ! le traître ! ah ! le malheureux ! disait-elle, de quel prix il a payé ma
tendresse ! » Elle pleurait, elle soupirait ; elle appelait la terre et le ciel à son aide ; elle ouvrait
et fermait ce portrait d'une femme admirable et
détestée...

Elle avait fini par comparer cette beauté sans
nom, où toutes les passions de la vie à l'abandon

7

avaient laissé leur empreinte, à l'idéale et chaste beauté dont le ciel l'avait douée elle-même, avec des grâces infinies. En vain elle appela le sommeil à son aide, le sommeil avait fui avec l'espérance ; des beaux rêves qui la berçaient la veille encore, pas un ne vint rafraîchir cette aimable désolée.

Et le lendemain, après vingt-quatre heures de ces angoisses d'une âme si tendre, aussitôt que l'amoureux chevalier s'en vint pour saluer sa chère maîtresse, il fut reçu par tous les mépris que cet honnéte esprit pouvait contenir. A son approche, elle se leva sans lui rien dire. Il voulut parler, elle arrêta sa parole ; il voulut porter à ses lèvres décolorées cette main charmante, la main recula comme si elle eût touché un serpent. Déjà quels changements s'étaient opérés dans cette belle personne! Elle avait négligé sa parure ; elle portait une robe à longues manches, comme une dévote ou comme autrefois la fière comtesse Bertrade, femme de Foulques Rechin, lorsqu'elle donnait rendez-vous, sur le tombeau de saint Martin, au roi de France Philippe Ier.

Tant la douleur de Mme de Bagneux était sincère et profonde, elle en oubliait d'être affable et charmante. Hélas! qu'ils furent malheureux, elle et lui, pour si peu!

Elle était ingénue, il était un enfant; ils ne savaient pas comment on s'explique, et qu'un simple baiser est le plus souvent tout rempli de clartés divines. Elle s'enferma dans sa maison; il se mit à courir par la ville, éperdu de douleur.

Monsieur le grand bailli, qui les suivait d'un regard content, les voyant si malheureux et si tristes, jugea que c'était l'heure ou jamais de porter les derniers coups à ces prospérités d'un jour.

VI

Vous rappelez-vous, cependant, la fière Isabelle attendant patiemment que sa beauté pût éclore enfin et se manifester dans sa toute-puissance? On vous l'a montrée hardie et superbe, et toute prête à jouer les grands rôles, même de la tragédie. Sitôt que vous avez jeté un coup d'œil sur l'un de ces visages sans pareils, vous y revenez toujours. On eût dit, à la voir sous ses habits de travail, une reine en servitude, une de ces princesses d'Euripide ou de Sophocle après le siége de Troie, et passant du grand silence aux éloquentes lamentations. Tels étaient déjà les respects involontaires qui l'entouraient, que chacun disait, dans l'hôtel de Fosseuse, en parlant de la jeune servante : *Mademoiselle* Isabelle.

Elle allait et venait à son gré dans ce logis
superbe où sa maîtresse elle-même osait à peine
lui demander parfois un léger service; elle habillait sa jeune maîtresse avec le geste de Mme de
Montespan lorsqu'elle présente à la reine son
flacon ou ses *oremus*. Si parfois Mlle Isabelle allait
dans la rue à côté de Mme de Bagneux, les pas-
sants qui ne les auraient pas connues auraient
eu peine à distinguer la maîtresse de la demoiselle de compagnie. Elle regardait d'un regard
hautain chaque chose; elle n'eût accepté de personne une obole au delà de son salaire. Elle avait
les mêmes faiseuses que Mme de Bagneux, et si
l'étoffe était moindre, on ne pouvait pas dire
que sa robe eût moins bonne grâce. Les dames
l'appelaient la *Fille aux belles jupes*, et chacune,
en son par dedans, disait que Mme de Bagneux
était bien téméraire en gardant auprès d'elle
cette insolente beauté. Au demeurant, elle eut
bientôt compris la vanité de ses premières espérances, en devinant le secret de sa maîtresse;
toutefois ce n'était pas en vain qu'elle avait suivi
d'un œil ferme et sans pâlir toutes les péripéties
de la nuit funeste où le chevalier de Fosseuse

avait pensé se laisser prendre dans l'alcôve de
Mme de Bagneux.

Vous avez assez vu comment cette Isabelle
avait sauvé le jeune homme en le ramenant à
sa métairie. Ainsi, dans son chagrin de s'être
un instant méprise, non-seulement elle avait
barre sur ces deux enfants que surveillaient son
ambition ou sa vengeance, mais encore elle
tenait sous sa coulpe son propre maître M. de
Bagneux, qui n'avait pas su résister aux enivre-
ments de cette fille d'Orient...

Il n'était pas jusqu'au prudent bailli qui n'eût
écrit à Mlle Isabelle une demande en mariage
secret; c'est pourquoi elle dominait toutes ces
passions, les grandes et les vulgaires. Au premier froncement de son sourcil olympien, ces
trois hommes, si différents l'un de l'autre, étaient
également à ses pieds. Mais quoi! elle était
amoureuse; elle espérait encore. Elle attendait
que ces deux amants maladroits fussent brouil-
lés sans rémission, et pour cette inévitable
brouillerie elle comptait justement sur leur
inexpérience; enfin elle s'était juré à elle-même
qu'elle n'en aurait pas le démenti, et qu'elle

mènerait le chevalier de Fosseuse à l'autel. Elle
pouvait choisir dans toute la ville;... elle ne voulait que celui-là.

Quand donc elle vit que ces deux amoureux
avaient cessé de s'entendre, elle s'en vint à
M. de Bagneux et lui commanda qu'il eût, à l'instant même, à la chasser de sa maison. « Mais,
disait M. de Bagneux, sous quel prétexte, et
comment et pourquoi? Que dira-t-on dans la
ville? Êtes-vous donc si malheureuse, Isabelle,
quand je suis prêt à faire, ici-même, toutes vos
volontés?

— Monsieur, reprit-elle, s'il est vrai que je
commande, obéissez-moi; c'est pour votre bien,
je vous le jure. Avez-vous donc oublié la nuit
du premier jour de juin où vous avez vu s'en-
fuir, par *ma* fenêtre, un jeune homme sur lequel vous avez tiré deux fois? Vous avez vaine-
ment cherché par quel chemin s'était enfui ce
jeune homme... Il s'est enfui par le ruisseau, là-
bas; je l'ai retrouvé mourant, sur le pré; je l'ai
sauvé. Je vous ai, vous-même, entendu décla-
rer tout haut que ce jeune homme était mon
amant, et sortait, à la pointe du jour, de ma

chambre à coucher. L'avez-vous dit?... Vous l'avez dit! Ce jeune homme est le chevalier de Fosseuse. Il a, par amour pour moi sans doute, entouré de ses attentions et de ses respects ma jeune maîtresse. Il venait chez elle, ici-même, pour se rapprocher de ses amours; et moi, contente de le voir, j'attendais patiemment qu'il lui plût de me rendre enfin ma bonne renommée. Aujourd'hui, voici que Mme de Bagneux a chassé de sa présence le chevalier de Fosseuse; elle lui a fermé sa porte, et moi je ne saurais plus longtemps supporter cette absence! Il me faut celui que j'aime; eh bien, pour qu'il revienne à moi, je veux que vous me chassiez d'ici publiquement, en disant que vous avez surpris le secret de nos amours! »

Tel était cet ordre absolu. Elle eût prié..., sa prière était un commandement. D'ailleurs sa version était si vraisemblable; elle était dite avec tant d'énergie et de vérité! Son regard s'accommodait si complétement avec sa délation! Enfin tant de circonstances légères, tant de détails à peine aperçus, qui devenaient soudain de gros indices, combattaient pour la demanderesse,

que M. de Bagneux prenant son parti vite et
bien, et content d'entendre expliquer un mystère dont parfois il s'inquiétait encore, il déclara
d'une voix indignée et menaçante, avec tous les
accents de la colère, que Mlle Isabelle quitterait
sur-le-champ l'hôtel de Bagneux.

Au bruit que faisait leur seigneur, accouru-
rent tous les gens de la maison, et Mme de Bagneux elle-même, qui se promenait dans le jardin, rêveuse. — « Oui, reprenait à grands cris
M. de Bagneux, sortez d'ici, mademoiselle, je
n'ai qu'un mot à vous dire, il est sans réplique !
Rappelez-vous la nuit où le chevalier de Fosseuse entra chez moi... chez vous, et pensa payer
de sa vie un pareil oubli de tous les respects !
Allez-vous-en, malheureuse, et ne revenez pas,
sinon je vous traiterai comme j'ai voulu le trai-
ter lui-même ! » Isabelle alors voyant que chacun l'entourait d'un grand étonnement, pour
la première fois de sa vie elle prit une attitude
humiliée. Le comte de Bagneux répondit par
un geste impérieux vers la porte. Au moment
où cette fière beauté quittait ce logis, dont elle
était la seconde maîtresse, le chevalier de Fos-

seuse, à bout de forces et de désespoir, entrait dans cette maison où il venait demander grâce et pitié au tendre objet de ses jeunes amours.

« Vous arrivez à propos, monsieur le chevalier, s'écria M. de Bagneux, madame et moi nous venons justement de chasser votre indigne maîtresse, et maintenant la ville entière pourra juger par votre conduite avec cette imprudente Isabelle si vraiment vous êtes un homme d'honneur ! »

A ces paroles dont il comprenait le sens à peine, le chevalier restait interdit et muet, cherchant le mot de cette énigme. « Allons, rassurez-vous, monsieur le chevalier, reprit Isabelle, je serais plutôt morte que de dire aux gens le secret de vos amours. Mais M. de Bagneux vous a vu sortir la nuit, par ma fenêtre, il a suivi vos traces dans le fossé, il m'a surprise accourant à votre aide et vous réconfortant du déjeuner de ma maîtresse. Il sait votre nom d'aujourd'hui seulement; il me chasse, et si vous êtes digne du nom que vous portez, vous ne permettrez pas qu'on jette à la porte de céans une fille qui pour vous s'est perdue, et qu'elle

s'en aille seule, au milieu des huées publiques,
à la recherche d'un toit qui veuille la recevoir. »

En même temps, avec la triste majesté de la
reine Catherine de Médicis exilée à Cologne et
prenant congé de ses serviteurs en leur parta-
geant les débris de son dernier manteau royal,
Isabelle prit congé de tous les gens de la maison.
Elle eut un mot pour chacune de ses camarades,
priant les servantes âgées de lui pardonner les
scandales qu'elle avait donnés, priant les jeunes
de ne pas imiter son exemple. Elle s'agenouilla
devant sa maîtresse et lui baisa la main.

Ceci fait : « Emmenez-moi ! » dit-elle, au chevalier.... Elle eut tant de sang-froid qu'elle ne
songea pas un seul instant à sortir par la rue.
Elle prit le bras du jeune homme, et, traversant
tout le jardin, ils descendirent le sentier qui
conduisait à cet endroit de la rivière où M. de
Fosseuse s'était arrêté. Une barque était prête
et les porta de l'autre côté de l'eau, dans cette
belle prairie qu'ils traversèrent en silence. Enfin,
quand ils furent arrivés sous les murs du petit
château de Fosseuse, elle jeta sur le jeune homme

un regard irrésistible. « Ingrat, lui dit-elle, ingrat que je sauve en sauvant à la fois son propre honneur, sa maîtresse et ses amours ! »

Il ne fut bruit dans toute la ville que de l'enlèvement d'Isabelle par le chevalier de Fosseuse. Au même instant tombèrent toutes les petites rumeurs qui commençaient à compromettre, en grandissant, le juste renom de Mme de Bagneux. Les douairières, ou, comme on disait alors, les dames sérieuses qui songeaient à l'éviter, se rapprochèrent de la jeune femme et l'entourèrent de leurs louanges; jamais elle n'avait entendu de si belles paroles, même au temps heureux de sa seizième année. On félicitait aussi M. de Bagneux pour sa belle et ferme conduite. Enfin, chose étrange, on ne plaignait guère le chevalier de Fosseuse. On l'enviait; plus d'un bon gentilhomme eût fait comme lui. C'était, en ce temps-là, un heureux accident très-digne d'envie, l'amour d'une belle personne; on vous comptait pour beaucoup, jeunesse et beauté, inexprimables présents des constellations les plus favorables ! Ou bien, si quelque opposant des anciens jours, quelque renfrogné passé de mode, hésitait encore à féliciter le jeune homme, à peine la jeune enlevée eut montré, sans reproche et sans peur, ce beau visage et cette marche de déesse sur les nues, elle fut applaudie, elle fut approuvée; il y eut des poëtes, enfants de Clémence Isaure, qui composèrent des sonnets à la louange de cette muse aux cheveux noirs.

De son côté, nulle peine et nulle gêne; elle commanda des habits dignes de la Place-Royale : on eût dit, à lui voir traverser le Cours ou la grande place un jour de fête, Mme de Sassenage ou la comtesse de Soissons. Les envieux, race immortelle, tentaient, mais en vain, de prévenir monseigneur l'archevêque et de l'irriter contre son beau neveu. Monseigneur répondit aux envieux : « Que voulez-vous que j'y fasse? » Il disait aux dévotes : « Ne faut-il pas, mes chères sœurs, que jeunesse ait son cours? » Aux vieux amis qui dînaient chaque lundi au petit couvert de Sa Grandeur : « Mon neveu est trop heureux, disait-il, *elle* est charmante! Elle était hier à ma messe, et me donnait des distractions! Savez-vous que mon bedeau lui a donné un carreau comme aux princesses!

Pour un rien il lui eût donné mon prie-
Dieu. »

De son côté le chevalier de Fosseuse, après
une hésitation de quelques jours, voyant qu'à
sa première sortie on le recevait comme à l'ordinaire, et peut-être un peu mieux, avait repris
grand courage et se montrait volontiers avec sa
conquête ; oui-dà, plus un jeune homme est
chaste et plus il s'attache aux femmes qu'il a
perdues.

Non-seulement il se savait honoré dans
toute la ville, mais encore il y rencontrait un
grand appui sur lequel il ne comptait pas : le
Royal-Dragon venait d'entrer dans la capitale
même de la Touraine, et, chose inattendue,
inexplicable, le premier soin des jeunes officiers avait été de s'informer du chevalier de
Fosseuse. Même une députation de ces jeunes
porteurs d'épée, et des plus grands noms de la
France militaire, s'était rendue au château
de Fosseuse pour saluer le jeune maître ; et
comme celui-ci voulait savoir d'où lui venait un
si rare honneur : « Monsieur le chevalier, lui
répondit le chevalier de Biran, porte-étendard,

les officiers du Royal-Dragon n'ignorent pas que
c'est à vous seul qu'ils sont redevables de la vie
et de la liberté du lieutenant Martin de Tours.
Il était mieux que notre camarade ; il était notre
ami. Le sort l'avait désigné pour demander sa-
tisfaction à un mauvais drôle qui déshonorait le
régiment ; notre ami Martin en a fait justice, et
nous autres, ses complices, nous venons vous
dire en son nom, monsieur le chevalier : Ce
sera un beau jour pour nous si jamais vous
avez besoin des dragons du roi notre sire ! » Ainsi
fut scellée, avec de grands embrassements et
les meilleurs vins de la province, à la santé du
roi, cette éternelle amitié qui durait encore
aux premiers jours de la Révolution française
entre les hommes de la maison de Fosseuse et
nosseigneurs les dragons du roi.

Voilà comment, par la conspiration de la ville
entière, Isabelle avançait dans sa voie. Au de-
hors, elle régnait par l'admiration publique, elle
occupait toutes les âmes, elle enchantait tous
les regards. Au dedans, son empire était plus
doux encore. On n'est pas impunément la beauté
qu'elle était, avec tant de volonté et de génie ;

enfin le chevalier de Fosseuse, amoureux de Mme de Bagneux, l'eut bien vite oubliée aux pieds d'Isabelle. Il l'aimait d'un amour plein de fièvre et de remords ; il se débattait sous sa main, comme un oiseau dans les rets de l'oiseleur. Parfois il avait honte de lui-même; il voulait briser cette chaîne importune et revenir à ses chastes amours; mais si puissante était la séduction, si vive était la flamme, il y avait tant de charme en ces disputes, en ces prières, dans ces tendresses, dans ces violences, que le malheureux était vaincu sans rémission !

Il se tenait caché dans sa métairie; Isabelle habitait, par décence, une maison qu'on appelait le petit hôtel de Fosseuse, afin de le distinguer du grand hôtel, que messieurs les ducs et pairs de Fosseuse habitaient avec leur famille, quand par hasard ils faisaient l'honneur de leur visite à leur province natale. Isabelle, en ce logis, vivait très-retirée. En vain plus d'un seigneur s'était présenté pour lui porter ses déférences.... Obstinément, elle avait refusé sa porte; il n'était pas jusqu'à son ancien maître, M. de Bagneux, qui n'eût échoué sur ce seuil

impitoyable. Ajoutez à toutes ces excitations
d'une curiosité si naturelle que l'enfance de
cette Isabelle avait tout l'aspect d'un roman oublié depuis tantôt quinze ou seize ans.

Voici cette étrange histoire :

Elle était née loin de la ville. Elle avait été
apportée en cette aimable et nonchalante cité
par un homme autrefois esclave en Turquie.
Après toutes sortes d'aventures qu'il n'aimait
pas à raconter, ce captif, employé dans les jardins de Sa Hautesse, avait brisé sa chaîne, et
cette enfant, qu'il semblait aimer beaucoup,
était née en effet dans le sérail de Constanti-
nople. Elle se ressentit longtemps de son origine. Elle était calme et sauvage; on voyait
à son caprice enfantin qu'elle était habituée au
commandement. L'inconnu n'avait jamais dit
qu'il fût son père; il lui parlait rarement, et
même il lui parlait avec une sorte de respect.
Il vivait de peu de chose, et sans rien demander à personne. Enfin, quand il mourut
d'une mort subite, cette étrange enfant, qui
pouvait avoir douze à treize ans, fut donnée à
Mlle de Tonnay-Charente, qui parfois en avait

8

peur. C'est tout ce que l'on savait de Mlle Isabelle.

On découvrit plus tard, bien qu'elle vécût
en bonne chrétienne et ne manquât guère
à ses devoirs de piété, qu'elle n'avait pas été
baptisée, et ce fut un nouveau sujet de contentement pour notre archevêque. Il aimait les
belles fêtes de l'Église; il n'en savait pas de plus
curieuses et de plus solennelles qu'une illustre
conversion, une prise de voile, et surtout un
grand baptême, entourés à plaisir de toutes les
majestés de la cathédrale, quand c'est une ado-
rable cathécumène, assistée d'une marraine illustre, et renonçant d'une voix touchante à
Satan, à ses pompes, à ses œuvres. Donc sitôt
que l'on sut dans l'église de Tours que la ma-
hométane Léila (c'était son vrai nom) se pré-
sentait au saint baptême, ce fut, parmi les plus
jeunes et les plus anciens docteurs de la cathédrale, à qui serait chargé de ramener la brebis
égarée. Monseigneur répondit à tous ces ambitieux qu'il instruirait lui-même la jeune Léila.
Puis, comme une fois dans l'hypothèse on ne
s'arrête jamais, les chercheurs d'accidents, après

avoir interrogé bien des pères de la Mission et plus d'un voyageur dans le pays des Infidèles, finirent par reconnaître à des signes certains que la jeune et belle Léila était la propre fille du sultan Ibrahim. Le captif qui l'avait amenée amenait en même temps la mère de cette enfant, et les passagers du *Fantôme*, un de ces navires suspects qui font volontiers la traite des blanches, se rappelaient qu'en l'an de grâce 1657 il y avait dans la cabine du capitaine une jeune femme, dont à peine on voyait les yeux noirs, qui mourut dans la traversée en allaitant une petite fille qu'elle baignait de ses larmes.

Cette jeune femme, disait encore la chronique, s'était enfuie avec son enfant de six mois. Le captif avait sauvé la petite Léila; mais comme il redoutait sans doute les terribles vengeances de ces maîtres du monde, il n'avait dit son secret à personne, et maintenant c'était peu à peu, quand les tout-puissants de la cité apportaient toute leur intelligence à la découverte de ces grands mystères, que cette illustre naissance allait se dévoiler. Un accident terrible, qui devait compléter de la façon la plus imprévue

un tel monceau d'aventures incroyables aujourd'hui, mais parfaitement vraisemblables,
au XVIIIe siècle, dans les comédies de Molière
et dans les *Voyages* du poëte Regnard, termina
de la façon la plus inattendue ce drame mysté-
rieux.

VII

Le maître et seigneur de cette illustre famille
de Fosseuse, M. le duc de Fosseuse, en ce moment gouverneur, pour le roi, du Lyonnais, du
Forez et du Beaujolais, comme un jour il par-
courait ces montagnes avec sa femme et ses deux
enfants, conduisant lui-même deux chevaux
neufs à la descente du Mont-Claret, les voyageurs furent surpris par l'orage; frappés de la
foudre, les chevaux s'emportèrent et la voiture
se brisa contre un pic formidable. Hommes
et bêtes furent précipités dans l'abîme, et les
montagnards eurent grand'peine à ramasser les
tristes débris de ce grand seigneur, de quoi faire,
à Lyon même, dans l'antique église d'Aulnay,
des obsèques royales.

Le bruit de cet accident (ces montagnes en parlent encore) arriva comme un tonnerre à l'archevêché de Tours, et tout d'abord l'archevêque en ressentit une émotion qu'on ne saurait dire. O mon Dieu! c'en était fait de l'espérance et de l'avenir de cette antique maison! Un père si jeune encore, une jeune femme espoir fécond d'une génération nouvelle, et deux jeunes gens, l'aîné qui avait douze ans, le cadet qui en avait déjà sept, engloutis, abîmés, perdus dans cet immense tourbillon des arbres, des rochers, de la terre et des eaux!

« Seigneur! Seigneur! s'écriait le vénérable prélat, c'est trop de peines en un jour! A quoi donc a servi aux anciens barons de Fosseuse, aussi vieux que la maison de Bourbon, d'avoir porté leurs armes dans la première croisade, assisté le roi saint Louis sur son lit de mort, et tenu la main de justice au sacre de Henri le Grand? A quoi donc nous ont servi nos ossements dans les plaines d'Azincourt, dans les plaines d'Ivry et sous les murs de La Rochelle? O mon Dieu! quel calice à porter aux lèvres de ton vieux prêtre! Et maintenant que faire et devenir ? Nous voilà morts jusqu'au jour de la suprême résurrection ! »

Voilà comme il se lamentait ; mais il n'était pas pour rien un baron de Fosseuse. Un instant le pouvait abattre, il se relevait l'instant d'après, contemplant le péril, la tête haute, et tirant de l'accident des choses une nouvelle énergie. En effet, quand bien même il eût été le dernier de sa race, à tout prix il l'eût renouvelée. Il eût déchiré les bandelettes sacrées qui couvraient ses cheveux blancs, pour s'en aller, pieds nus, rendre au saint-père le bâton de pasteur des âmes, et lui demander la grâce de prendre une épouse, afin que sa race ne mourût pas. L'instant d'après, quand il fut revenu de cette épouvante, il se rappela qu'il avait encore un neveu de son nom, un héritier direct des vrais Fosseuse, et que, par un décret de la divine Providence, ce pieux jeune homme avait toujours résisté aux volontés imprévoyantes qui le poussaient dans l'Église.

Ce fut un rayon dans cette âme énergique, et ce désespéré soudain se prit à sourire en voyant venir à lui, tout rempli d'une douleur légitime, l'héritier inespéré de tous ces titres et dignités amoncelés par tant de combats, par tant de siècles et de services rendus à la grandeur de nos rois. Alors le vieillard s'inclinant devant son neveu : — « Permettez, monseigneur, lui dit-il, que je sois le premier à saluer M. le duc de Fosseuse, et ceci fait, par toute la majesté des seigneurs que vous représentez : généraux, ministres, dignitaires de notre sainte Église, amiraux de l'escadre rouge, maréchaux de France et cordons bleus, promettez-nous de ne pas attendre, et de prendre une épouse, à la face du ciel, qui continue à perpétuité notre race éteinte... » Ainsi parlant, il baisait la main du jeune homme et la posait sur sa tête vénérable. Et chacun d'admirer ce grand vieillard, dont les mains étaient pleines de bénédictions, qui se faisait bénir par cet enfant !

Ces choses-là, je le sais bien, sont de l'ancien monde. Elles remontent aux temps féodaux. Nous les regardons, nous autres les fils de Voltaire et les esprits forts, sans y rien comprendre. Chacun les savait par cœur sous le règne de Louis le Grand. Quand son oncle se fut relevé,

le jeune homme se jeta dans ses bras, et lui dit
à l'oreille un de ces mots qui sauvent toute une
situation. Pas un ne put l'entendre, mais soudain l'on put voir l'orgueil remonter sur le front
du vieillard, le sang à sa joue, et la force à son
cœur.

Ce monceau de fortune et d'honneurs inat-
tendus qui tombaient comme un déluge sur le
nouveau duc de Fosseuse le trouvèrent parfaitement calme, et personne, à le voir, n'aurait
pu deviner à quelle hauteur, voisine des fables,
l'avait élevé la destinée en si peu d'heures. Il
fallut que monseigneur lui-même insistât pour
que son beau neveu, les derniers devoirs étant
rendus au chef de sa maison, s'en vînt à Paris
afin d'y prêter le serment de duc et pair entre
les mains de M. le premier président du parlement, et, ses preuves étant faites chez M. d'Ho-
zier, monter dans les carrosses du roi. Il fit cela
très-vite et très-bien. Pas de difficultés au parlement. Il longea le parquet sans trop s'inquiéter
s'il avait droit de le traverser et s'il faisait un
pas de plus qu'il n'eût dû faire. Il ne prit nulle
garde au mortier de M. le premier président,

9

qu'il le tînt à la main, qu'il le gardât sur sa tête, ou qu'il répondît au salut du nouveau pair en s'inclinant, et sans se lever de son siége.

Le nouveau duc de Fosseuse, présenté par le maréchal d'Hocquincourt et par le duc de Châtillon, ne s'inquiéta nullement de ces détails, qui étaient, en ce temps-là, de grosses affaires, et même on dit qu'il s'attira, par sa négligence coupable, un coup de boutoir de M. le duc de Saint-Simon. C'est en vain qu'au départ le superbe archevêque avait recommandé à son neveu de ne pas donner du *monseigneur* à M. de Louvois, le premier mot du duc de Fosseuse au grand ministre, qu'il surprit dans son cabinet, sans attendre qu'il fît les quatre ou cinq pas de cérémonie et d'étiquette, fut justement de lui dire : « Ayez pour agréables, *monseigneur,* les meilleures déférences d'un jeune duc de si nouvelle édition. » De ces paroles que lui disputaient tant de ducs qualifiés, M. de Louvois fut si ravi, qu'il pria le nouveau duc de Fosseuse de lui dire en quoi donc il le pouvait servir, et qu'il serait obéi tout d'abord. « Monseigneur, reprit le duc de Fosseuse, accordez-moi, en joyeux avénement, la grâce pleine et entière d'un jeune dragon du roi, le lieutenant Martin. » M. de Louvois, qui s'attendait à quelque demande énorme, en voyant qu'il s'agissait de si peu, répondit par un sourire, et le lendemain il signait l'ordre au *capitaine* Martin d'avoir à rejoindre son régiment. Ainsi, le ministère et le parlement furent d'avis que le nouveau duc de Fosseuse était un charmant jeune homme, d'une simplicité parfaite, et ni pointilleux, ni vaniteux, sachant vivre et rendre à chacun ce qui lui revenait. Il n'eut pas un moindre succès à la cour, le roi n'aimant guère ces picoteries avec ses ministres. Il fut également le bienvenu du roi et de Mme de Maintenon. Le même jour, Sa Majesté allant chasser dans les bois de Ville-d'Avray, le duc de Fosseuse accompagna Sa Majesté jusqu'au retour. Il dîna chez M. de Saintot, maître des cérémonies de la cour, avec M. de Dangeau, grand maître de l'ordre royal de Saint-Lazare, et le vicomte de La Rochefoucauld, qui pendant vingt ans n'avait jamais manqué au botté et au débotté du roi, enfin avec tout ce qu'il y avait de plus particulier à la cour. Comme il assistait au petit coucher de Sa Majesté, le roi recommanda qu'on lui donnât le bougeoir, et quand Sa Majesté prit congé de ce nouveau soutien de sa pairie, il lui dit fort agréablement : « J'espère avant peu que vous nous amènerez une nouvelle duchesse de Fosseuse; dites-lui que son tabouret attend. »

Le lendemain, le roi, à son lever, en parlait encore, et Mme de Maintenon était de l'avis de Sa Majesté. *Voilà pourtant*, disait le roi, *une colombe dans le nid des aigles et des vautours.* Naturellement, le mot de S. M. fit une grande fortune à Versailles. La renommée en porta l'écho dans les lieux les plus reculés du royaume, et la Touraine entière en retentit. Seul, l'archevêque était mécontent de l'auguste parole. Il eût volontiers résigné cet air de colombe au dernier des Fosseuse. « Et maintenant, sire, disait-il à demi-voix, nous vous montrerons, je l'espère, que la colombe, à son tour, engendrera des aigles. »

Par les soins du prélat, tout était déjà prêt pour le mariage du duc de Fosseuse. On ne disait

pas tout haut le nom de la nouvelle duchesse,
mais chacun la désignait à l'avance. Enfin, le
troisième jour du mois de septembre, et la veille
de son jour de naissance, le nouveau duc et pair
arriva, presque incognito, dans cette ville de
Tours dont il était désormais le plus grand seigneur. Le vaste hôtel de ses ancêtres était prêt
à le recevoir. Les murailles étaient antiques et
splendides; partout la généalogie et l'écusson
du maître, avec les portraits des hommes et des
femmes de cette illustre race. Une foule de serviteurs empressés, et portant la livrée aux cou-
leurs des anciens barons, remplissaient ce palais des enchantements. L'écurie était au grand
complet; on avait épousseté les carrosses de
gala; la massive argenterie reparaîtra dans huit
jours, sur la longue table des festins. Mais,
vains efforts! l'esprit du jeune homme était ab-
sent de ces magnificences. Il ne songeait qu'aux
bonheurs qu'il avait perdus. A peine s'il pro-
nonça le nom de Léila, sa fiancée. Elle s'était
enfermée au couvent des dames Visitandines;
le duc de Fosseuse, avant son mariage, ne devait plus la revoir.

Monseigneur avait décidé que le baptême et le
mariage auraient lieu le même jour. Il avait re-
doublé, pour cette double fête, de grandeur et de
magnificence. A voir la foule accourir ; à voir la
cathédrale se remplir des seigneurs, des patriar-
ches, des évêques, des abbés, des archevêques
de Sens et de Bourges ; à compter les religieux et
les chanoines de Saint-Martin vêtus de pourpre
et de fourrures de vair, enfin tant de confréries
et de bannières, on eût dit que, cette fois encore, la cathédrale de Tours était la Jéru-
salem d'Occident. Donc, tout était prêt. Le
prélat avait désigné *in petto* la marraine de la
future duchesse de Fosseuse, et la veille de
ce grand jour il se rendit seul, dans une voiture aux armes de ses chanoines, à l'hôtel de
Bagneux.

Mme de Bagneux, triste et dolente en sa maison, succombait sous la peine. Elle n'avait
pas revu le chevalier de Fosseuse depuis le
jour funeste où elle l'avait vu impitoyablement
chassé de sa présence ; elle le haïssait beaucoup
moins, elle n'avait pas cessé de le pleurer. A
peine avait-elle admiré les cruelles volontés de

la Providence, qui avaient opéré un si grand
changement dans la fortune de ses brièves et
tristes amours..., elle ne s'en était ni glorifiée,
ni attristée, et, pauvre ou tout-puissant, le jeune
homme était resté au fond de son âme ulcérée.
On lui avait bien dit (cela se disait dans toute la
ville) qu'Isabelle, sa servante, était appelée au
partage de toutes ces grandeurs, mais Mme de
Bagneux n'y pouvait croire. Ou bien, si parfois
pareille aventure lui semblait moins étrange,
elle n'en ressentait aucune jalousie. Hélas! sa
jalousie était autre part. Pour elle l'infidélité
de son amant ne commençait pas à sa *rivale*...,
elle commençait à ce portrait misérable et charmant dont elle se repaissait et s'enivrait la nuit
et le jour.

Quand monseigneur se présenta chez Mme de
Bagneux, elle tenait encore cette funeste image,
en laquelle, pour une âme moins candide,
eussent apparu, derrière l'habileté de la forme,
la perfidie et les mensonges du fastueux modèle
représenté dans cette lascive peinture. Au nom
de Monseigneur, Mme de Bagneux laissa tomber le portrait, dont la glace à l'instant se

brisa. Puis, comme on ramassait ces tristes débris : « Par le ciel, ma chère fille, s'écria le prélat, que fait donc ici le portrait de cette gourgandine, et quel souci vous pousse de souiller vos belles mains et vos chastes regards du ci-devant portrait de la comtesse d'Olonnes ? Il faut donc que cette vieille médaille ait été oubliée ici-même par votre honoré voisin le baron des Rotours? Voilà toute sa conquête ; il s'en vante, il la montre avec une certaine fatuité aux bourgeois de notre province. Ah fi! balayez-moi cette bergère des freluquets de l'Œil-de-bœuf! »

Il eût parlé longtemps encore, que Mme de Bagneux l'eût écouté avec ravissement. A mesure qu'il parlait, son âme épanouie acceptait, heureuse et consolée, une explication dont elle avait si grand besoin. Grâce à Dieu! la jeune femme enfin voyait clair dans son cœur. Ah! qu'elle était contente et fière de retrouver son chevalier charmant, fidèle, enfin tout, et comme elle s'en voulait de l'avoir tant maltraité pour un crime qu'il n'avait pas commis! Le bon prélat, qui devinait, la laissa quelques instants dans cette ivresse muette; il comprenait, sans pouvoir s'en rendre compte, cette nouvelle extase. En même temps une voix secrète lui disait qu'il allait tout briser.

Après un silence, il reprit : « Je viens vous demander, ma chère fille, un grand service. Il s'agit de l'honneur de cette maison de Fosseuse, chère à toute la province, avec laquelle les hommes et les femmes de votre famille ont contracté plus d'une alliance. » Et comme il la voyait pâlir (une sensitive!) : « Écoutez-moi, reprit-il, c'est très-sérieux. La dernière et terrible catastrophe, qui eût réduit à néant la maison de Fosseuse, est pour nous un enseignement si grave, que nous pécherions contre Dieu lui-même si nous hésitions à le mettre à profit. Mon neveu est à cette heure le seul héritier de cette maison, un frêle héritier, je le sais bien. S'appuyer sur un pareil roseau est un grand acte d'espérance et de foi. Il est donc nécessaire, absolument, que je marie au plus tôt le duc de Fosseuse, et, pour aller au plus pressé, laissant de côté les inextricables difficultés de ces sortes de contrats : acquêts, conquêts, douaires, communauté, paraphernaux, mille horreurs auxquelles ne doit rien comprendre un vrai gentilhomme... à toutes ces causes réunies, le mariage aura lieu demain, avec cette étrange fille élevée avec vous, et pour qui vous fûtes si bonne maîtresse. »

A ces mots, comme il comprenait que Mme de Bagneux allait se récrier : « Taisez-vous, lui dit-il, taisez-vous, ma chère enfant. Il est très-heureux pour votre belle renommée, au moment où toutes sortes de bruits mauvais commençaient à courir contre votre gloire, que cette fille de votre maison ait reconnu publiquement que les empressements de mon neveu étaient pour elle. Elle et lui, par leur subite alliance, ils vous ont sauvegardée. Ainsi, même par reconnaissance, autant que par amitié pour moi, vous ne dédaignerez pas d'être la marraine... oui, ma fille, et pour ainsi dire la seconde mère de la future duchesse de Fosseuse. Il nous faut toute la garantie, avec toute l'autorité de votre nom et de vos vertus, pour donner à cette alliance une consécration qui lui manquerait sans votre aide. »

A ces mots, il se leva, esquivant une réponse
que la jeune femme avait peine à formuler.
Ainsi, tout d'un coup, brusquement, sans tran-
sition, Mme de Bagneux tomba de la plus grande
joie au fond des plus tristes abîmes.

Une vision lui vint en aide. Il lui sembla que
Mme la duchesse de Vaujours, sa cousine, la
contemplait avec un regard d'ineffable tristesse.
Ce doux fantôme était tout semblable à l'image
de Mlle de La Vallière au plus beau moment où
ce roi superbe était fier de porter ses chaînes. Il
n'y avait rien de plus fluet et de plus léger que
cette aimable personne. Elle était blanche avec
des yeux bleus et languissants, une bouche
assez grande et vermeille. Si triste!... Parfois
la bouche et les yeux étaient pleins de feu, de
bel esprit et de joie, avec tout ce que la jeunesse a de plus rare. Ayant bien considéré cette
aimable cousine qui semblait se débattre en ce
filet inextricable, elle entendit sa voix même
qui lui disait du fond de ses repentirs : « Allons, ma cousine, ayez bon courage. Obéis-
sons au devoir; suivez mon exemple, et ren-
trez, il est temps, dans la paix de la con-

science! » La douce apparition dit cela d'un souffle et d'un regard. Sa lèvre vermeille était à peine agitée, et ses belles mains semblaient suppliantes. Mme de Bagneux comprit dans son cœur qu'elle devait obéir aux conseils de cette infortunée, expiant encore à cette heure, et dans les plus violentes tortures de l'abandon, de la pauvreté, de la pénitence, ces tristes et fugitifs instants de bonheur, suivis d'un remords éternel.

Le lendemain, à son lever, Mme de Bagneux se sentit forte, et devinant que toute la ville aurait les yeux sur elle, elle se fit belle et parée. Elle entra d'un pas ferme, avec une de ces belles révérences dont les dames les plus illustres avaient seules le secret, dans cette immense cathédrale, où l'on eût dit qu'une seule âme animait toute une foule. Aux quatre coins de l'autel radieux, quatre officiers se tenaient, l'épée hors du fourreau, semblables à des statues, mais à des statues vivantes qui sauraient commander aux palpitations de leur cœur. O charme! ô surprise! un de ces officiers n'était rien autre que le dragon Martin de Tours, ce

frère adultérin de Mme de Bagneux, sauvé par le
chevalier de Fosseuse, et ramené de l'exil par
l'intervention du nouveau duc. Elle éprouva, à
l'aspect de son frère, qu'une grande reconnaissance était ajoutée à son courage, et maintenant,
décidée, elle comprit toute sa force, et qu'elle
irait jusqu'au bout.

Aux sons majestueux de l'orgue, au bruit des
fanfares, aux cantiques des lévites, apparut enfin la catéchumène en ses habits de triomphe,
où la fleur et le parfum de l'oranger se mê-
laient à l'éclat des diamants, à l'Orient des
perles. Vraiment on eût cru voir une reine ; elle
en avait la taille et la majesté. Le soleil de Mahomet, son aïeul, avait laissé sur ce front superbe, avec sa mate pâleur, une empreinte inef-
façable. Elle prit place à la gauche de sa marraine, et l'archevêque, étant assis sur son siége
épiscopal, aussitôt que l'assemblée eut retouvé
son calme, parla en ces termes :

« *Je m'estime un homme heureux, mes chers frères et
messieurs, de vous voir réunis autour de ma personne,
ayant à vous expliquer la grande multiplicité d'incidents*

*par lesquels nous avons passé avant d'arriver à ce mo-
ment de notre suprême espérance. Il s'agit de la jeune
catéchumène à laquelle nous allons donner le sacrement
du baptême, et qui portera tout à l'heure, avec la grâce
de Dieu, le titre et le nom de duchesse de Fosseuse. »*

A ces mots, l'assemblée, hésitante, fit entendre un agréable murmure d'approbation.
N'en déplaise aux détracteurs de l'antique noblesse, on ne saurait nier que ces gentilshommes d'autrefois fussent naturellement élo-
quents. Sûrs d'être écoutés, ils parlaient d'une
voix haute, acceptant l'éloquence comme une
couronne qui était due à leur majesté. Le prélat attendit que le murmure se fût calmé, et,
reprenant d'une voix ferme, il acheva son discours :

*« Sultan Amurat, qui prit Babylone en 1538, eut
quatre frères : Osman, qui régna trois ans, au bout
desquels les janissaires lui ôtèrent l'empire et la vie; Or-
can, le second, qu'Amurat fit étrangler dès les premiers
jours de son règne; le troisième fils était Bajazet, ce*

même Bajazet dont M. Racine, trésorier de France et
mon collègue à l'Académie, a fait naguère une tragédie ;
Ibrahim enfin, qui était un prince sans vice ni vertu,
père du sultan Mahomed d'aujourd'hui et de la petite
Léila. Or tous ces faits me sont attestés dans la lettre que
voici, par M. le comte de Cézy, notre ambassadeur, le
propre frère de cet homme inconnu qui se cachait dans
une humble maison de notre ville, avec cette enfant qui va
recevoir ces deux sacrements, le baptême et le mariage.
Accordez, mes chers frères, au nom d'une famille que
vous aimez et qui vous a toujours protégés, votre adop-
tion à cette auguste descendante de Mahomet par une
suite de tant de princes. Elle sera l'égale des plus grandes
princesses, aussitôt qu'elle sera purifiée par les eaux du
baptême. »

Ayant ainsi parlé, le prélat ne rencontra que
louanges, approbation, admiration.

Mme de Bagneux se plaça à gauche de la néo-
phyte, agenouillée au prie-Dieu, chargé d'ar-
moiries ; l'archevêque tenait la droite, il était à
la fois le prêtre et le parrain. Quand cette belle
chrétienne eut reçu l'eau sainte sur son front

superbe, sa vaillante marraine, ôtant de son
cou un collier de rubis orné d'une croix d'a-
méthyste, le passa au cou de sa filleule. Une
grande émotion se pouvait lire en ce moment
sur tous les visages; une immense angoisse en-
vahissait la foule, attentive aux moindres actions
de cette minute implacable; un drame inquié-
tant se faisait pressentir dans ce temple épouvanté. Vinrent ensuite les cérémonies du mariage, et, cette fois, tous les regards se por-
tèrent de la fiancée au mari qui l'allait prendre.
Il était éperdu comme on l'est dans un songe.
Il entendait confusément toutes ces rumeurs.
Les yeux fixés sur sa jeune épousée, il ne voyait
que Mme de Bagneux. Elle était toute son âme
et toute sa vie. A peine il eut prononcé le *oui*
fatal, ce pauvre cœur, agité par tant de passions qu'il était incapable de porter, se brisa
dans sa poitrine, et le dernier duc de Fosseuse
tomba mort sur les marches de l'autel.

Un instant le prélat, vaincu par ce nouveau
malheur qui le frappait dans sa suprême joie,
hésita, son visage enfoui dans ses mains trem-
blantes. Puis, comme on l'entourait de con-

solations importunes, il releva la tête en disant :

« Ils sont mariés... la volonté de Dieu soit
faite! Mais il doit un miracle à la maison de
Fosseuse,... je vous ajourne à six mois d'ici,
au baptême de notre héritier. »

FIN.

Imprimé

PAR D. JOUAUST. A PARIS

POUR J. MIARD, LIBRAIRE

M D CCC LXVII

OCCVPA [PORTVM]

IOV AVST

8

www.ingramcontent.com/pod-product-compliance
Lightning Source LLC
Chambersburg PA
CBHW052221270326
41931CB00011B/2433